KB246072

한국 NGO의 사상과 실천

— 마르크스주의적 분석 —

오늘날의 마르크스주의 03

한국 NGO의 사상과 실천

— 마르크스주의적 분석 —

김하영 지음

책갈피

오늘날의 마르크스주의 03

한국 NGO의 사상과 실천

— 마르크스주의적 분석 —

지은이 김하영
펴낸곳 도서출판 책갈피

초판 발행일 2009년 8월 1일

등록 2000년 2월 21일(제6-0484호)
주소 서울특별시 중구 필동2가 106-6 2층
전화 (02)2265-6354
팩스 (02)2265-6395

ISBN 978-89-7966-065-4 03300
ISBN 978-89-7966-062-6(세트)
값 6,900원

잘못된 책은 바꿔 드립니다.

차례

머리말_9

일러두기

1. 인명과 지명 등의 외래어는 최대한 외래어 표기법에 맞춰 표기했다.

2. 인용문에서 [ ]는 지은이가 문맥을 매끄럽게 하기 위해 덧붙인 것이고, 독자의 이해를 돕기 위해 덧붙인 설명은 각주로 처리했다.

3. 단행본과 잡지는 ≪ ≫로, 신문과 주간지는 〈 〉로, 논문의 제목은 " "로 표시했다.

머리말

지난 몇 년 동안 NGO 위기론이 끊이지 않았다. 2008년 가을 환경운동연합의 소위 회계 스캔들은 NGO 위기를 부각시킨 가장 최근 사례일 뿐이다. 〈한겨레〉가 2007년 3월에 시민단체 서른 곳의 상근 활동가 114명을 대상으로 설문 조사를 한 결과, 절반이 시민운동이 위기라고 답했다고 한다. 2009년 초 〈한겨레〉의 "Special Report 비영리 조직 위기 심층 분석"에 실린 한 기사는 서울대 사회발전연구소의 조사를 인용해 이렇게 썼다. "'시민단체'의 신뢰도는 10년 동안 48.8퍼센트에서 21.6퍼센트로 떨어져, 정당, 대학, 군대, 노조, 경찰, 대기업 등 12개 집단 가운데 가장 신뢰도 하락폭이 컸던 것으로 드러났다."[1]

그러나 최근의 많은 사람들처럼 얘기를 여기서 멈추면 NGO의 영향력이 여전히 상당하다는 사실을 놓치기 쉽다. 앞서 인용한 서울대 사회발전연구소의 조사 결과 가장 높은 신뢰도를 기록한 집단은 바로 시민단체(21.6퍼센트)였다. 비록 신뢰도가 급격한 추락세지만, 시민단체는 지난 10년 넘게 신뢰도 1위를 유지하고 있다(〈그림 1〉 참고). 정당과 국회의 신뢰도는 4퍼센트를 넘지 못했고, 행정부는 8퍼센트, 사법부는 10퍼센트 수준이었다. 시민단체의 신뢰도는 정당의 다섯 배가 넘었다. 또, 〈시민사회신문〉이 '2009년 사회 전망 여론조사'를 실시한 결과, 46.3퍼센트의 응답자가 2009년에 시민운동의 영향력이 커질 것이라고 답했다.

이런 영향력은 당연히 NGO가 운동에 미치는 영향력으로도 나타난다. 지난해 촛불시위를 돌아보면 운동의 고비마다 NGO는 중대한 영향 — 긍정적인 것뿐 아니라 부정적 영향도 — 을 미쳤

〈그림 1〉 기관 · 단체에 대한 신뢰도 추이

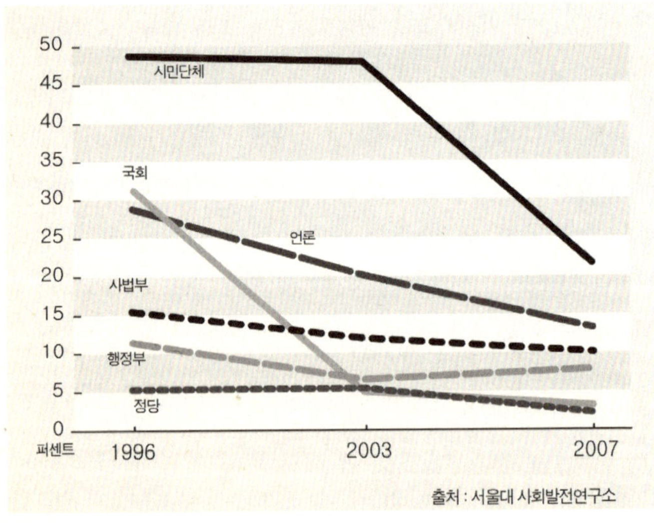

다. NGO의 영향력을 단지 특정 단체들의 영향력으로 환원할 수도 없다. 특정 단체를 지지하지 않는 많은 개인들, 특히 사회 변화를 바라는 청년들이 NGO가 제시하는 (온건한) 개혁 비전에 광범하게 공감한다는 것이 더 중요한 측면이다. 1980년대와 달리 마르크스주의가 주변화돼 있고, 총체적 분석을 거부하는 미시적 접근법이 팽배하며, 운동이 대개 단일 쟁점 양상으로 벌어지는 지금의 운동 토양에 처음 발을 내딛는 사람들이 NGO에 친화감을 갖는 것은 자연스런 일일 것이다.

사실, 어떤 점에서 보자면, 시민운동 1세대가 '계급'에서 '시민'으로 발걸음을 옮기면서 던졌던 물음들 ─ 근본적 사회변혁은 불가능하지 않는가, 사회주의는 한낱 이상으로 드러나지 않았는가, 노동계급은 더는 변화의 주체가 아니지 않은가, 시장은 진보를 위한 틀이 될 수 있지 않는가, 국가를 대상으로 싸우기보다 삶을 변화시키는 게 중요하지 않는가 등 ─ 은 진보 진영 안팎에서 버전을 달리해 가면서 계속 등장하고 있다.

이것이 내가 이 책을 쓴 이유다. 지난 10여 년 동안 여러 운동 속에서 NGO와 함께했고, NGO에 속해 있지 않더라도 그 가정들을 공유하는 많은 사람들을 봤다. NGO의 사상과 실천을 이해하는 것이 그들과의 '소통'을 위해서도, 그들의 실천에 내포된 문제점들에 대처하기 위해서도 필요하다고 여겼다.

일부 좌파들은 NGO를 체제의 부속물일 뿐이라고 (잘못) 보기도 하는데, 나는 그보다는 NGO를 개혁주의의 한 유형으로 분석했다. NGO는 사회의 근본적 변혁이라는 전망을 상실한 채 자본주의를 민주적으로 개혁해 정의·평등·공동체 같은 가치를 실현하고자 한다는 점에서 개혁주의로 볼 수 있다. 물론 집중된 운동을 건설하려 하지 않는 등 NGO의 독특한 조직 방식에도 주의를 기울여야 한다.

그동안 국제 NGO나 다른 나라 NGO를 좌파적 시각에서 분석한 글들이 국내에 일부 소개되기도 했으나, 한국 NGO를 마르크스주의적 시각에서 분석한 책은 찾아보기 어렵다. 그래서 이 책은 한국 NGO를 분석하는 데 초점을 맞추고 있다. 1장에서는 한국 시민운동의 등장 배경을 다뤘는데, 옛 소련 블록의 붕괴 이후 활동가들 사이에서 깊게 퍼진 낙담과 대안 부재와 혼란이 미친 영향을 살핀다. 2장에서는 시민사회론과 이에 대한 마르크스주의적 비판을 다뤘고, 3장에서는 한국의 지식인과 활동가들이 수용한 시민사회론을 살펴본다. 경실련에서 시작된 시민운동이 어떻게 좌파 지식인들 일부에게도 영향을 미치며 '진보적 시민운동'을 탄생시켰는지, 그들이 그람시를 거쳐 하버마스와 신사회운동론에서 어떤 영향을 받았는지, 그에 따른 실천상의 변화는 무엇인지 다룬다.

4장과 5장은 한국 NGO가 어떤 실천을 하고 있는지, 그 의미와 한계는 무엇인지를 살핀다. 4장이 주로 '대변형advocacy' NGO를 다룬다면, 5장은 복지를 제공하는 NGO와 풀뿌리를 지향하는 NGO들을 다룬다. 특히 5장은 NGO가 추구하는 정의가 시장과 공존할 수 있는지, 국가권력을 회피한 공동체가 지속 가능한 대안이 될 수 있는지 등의 문제를 살펴본다.

맺음말에서는 시민운동의 위기를 다루는데, 경제·정치 위기 속에서 개혁주의가 직면한 위기라는 관점에서 이 문제를 조명한다. 양극화가 심해지고 국가 간 경쟁으로 세계의 지정학적 불안정도 높아지는 요즘, 정치적 중립을 표방하는 운동은 양극화의 압력에 직면해 있고 국가를 민주적·평화적으로 개혁하려는 비전도 불투명해 보인다.

그러나 개혁주의가 위기인 동시에 여전히 강력할 수 있다는 점을 이해해야 한다. 체제의 위기가 낳은 공포와 환멸은 오히려 개혁주의에 대한 기대를 높일 수 있고, NGO가 그 수혜자 중 하나가 될 수 있다. 무엇보다 국가와 시장 권력의 횡포에 맞서 정의를 구현하고자 하는 청년들이 NGO의 개혁 비전에 관심을 기울일 수 있다. 일부 좌파들처럼 NGO와 연대하기를 거부하는 것이 어리석은 이유다. NGO와 함께 운동을 건설하면서, 진정한 정의와 평등을 원한다면 NGO의 비전과 방식을 넘어설 필요가 있다는 점도 얘기해야 한다.

우리는 이 야만의 시대에 정의를 구현하고자 하는 NGO 활동가·지지자 들과 함께하고 싶다. 그러나 한두 쟁점에서뿐 아니라,

NGO적 비전을 넘어 더 나은 세계를 건설하는 투쟁에서도 그들과 함께하고 싶다. 이것이 이 책이 담고 있는 메시지이자 소망이다.

이 글을 쓰도록 격려하고 글을 쓰는 동안 토론 상대가 돼 준 최일붕 동지에게 감사한다. 교열의 달인 같은 그의 손을 거쳐 이 책은 훨씬 이해하기 쉽고 읽기 편해졌다. 또, 이 책을 출판하기 위해 애쓴 출판사 분들과 신경 써서 글을 다듬어 준 이수현, 이종길, 여승주 동지에게도 감사의 말을 전한다.

제1장
한국 시민운동의 등장

한국 NGO의 대략적 현황

지난 20년 동안 NGO는 매우 빠르게 성장했다. 이것은 한국뿐 아니라 개발도상국도 포함한 세계적 현상이다. 1997년 조사를 보면 인도는 NGO가 100만 개가 넘고, 브라질은 21만 개, 이집트는 1만 7500개, 대만은 1만 5000개가 있다. 비영리단체까지 포함하면 1999년 현재 일본에 34만 개, 1995년 현재 미국에 160만 개의 민간단체가 있다고 한다.

시민의신문사가 발행한 ≪한국민간단체총람≫ 2006년판을 보면, 조사된 시민단체 수는 5556개이고, 기타 민간단체 수는 1만 7461개, 합계는 2만 3000여 개다. 조사되지 않은 곳까지 포함하면 실제 민간단체 수는 훨씬 더 많을 것이다. 대개 민간단체는 시민사회의 각종 결사체를 대부분(예컨대 의료기관, 교육기관, 복지기관, 문화예술기관, 종교단체, 직능단체, 친목단체 등) 망라하는 것으로 규정되며, 시민단체 또는 NGO는 "시민들이 자발적으로 결성해 대체로 회원 가입의 배타성이 없고 주로 자원봉사 활동에 의해 공익을 추구하는 단체"로 정의된다. 물론 이런 정의가 모든 경우에 잘 들어맞는 것은 아니다. 예컨대 민주사회를위한변호사모임(민변)은 전문가 그룹이라서 회원 자격을 제한하지만 NGO라고 할 수 있고, 자원봉사 활동보다 유급 상근자 위주로 활동하는 단체들도 NGO라고 할 수 있다.[1]

보통, NGO 하면 참여연대, 한국여성단체연합, 환경운동연합, 녹색연합, 여성민우회, YMCA, YWCA, 경실련, 민변, 민언련 등 언론에 자주 오르내리는 단체들을 떠올리지만, 이 밖에도 아주 많은 NGO들이 존재한다. 시민운동 단체들의 연대체인 '시민사회단체연대회의'에 가입해 있는 단체만 해도 2008년 현재 446개다. 잘 알려진 단체들은 상근자도 많고, 연간 예산 규모도 크고, 회원 수도 많지만 대부분의 단체는 그렇지 못하다. 시민단체의 평균 회원수는 300명이고(1000명 이상 단체는 30퍼센트 정도), 평균 상근자 수는 3명이다(상근자가 10명 이상인 단체는 13퍼센트).

《한국민간단체총람》 2006년판을 보면, 시민단체 가운데 한 가지 활동을 전문적으로 하기보다 다양한 활동을 하는 단체의 비율이 약 24퍼센트로 가장 높았고, 그 다음은 사회서비스단체(약 19퍼센트), 환경단체(약 13퍼센트), 온라인단체(약 12퍼센트), 문화단체(약 19퍼센트), 교육학술단체(약 7퍼센트), 여성단체(약 6퍼센트), 빈민지역자치단체(약 6퍼센트) 순이었다. 다른 나라들과 비교해 한국 NGO 가운데 사회서비스 NGO의 비율은 그렇게 높지 않다.

이것은 '대변형advocacy' 활동을 하는 NGO가 많다는 것과도 일맥상통하는 얘기다. 대변형 NGO는 정부 정책을 비판하고 권리 옹호 운동이나 사회적 캠페인을 주로 하는 단체다. 대변형이 아니더라도 NGO 가운데 적지 않은 단체들이 운동에 참가하고 있는데, '광우병국민대책회의'에 참가한 1700여 개의 단체 중 상당수가 NGO였다.

이는 세계 NGO들이 흔히 국가를 대체하는 서비스 공급 유통로로 인식되는 것과는 다른 양상이다. 가나·짐바브웨·케냐에서는 보건과 교육 서비스의 40퍼센트를 NGO가 제공한다. 이들은 흔히 선진국의 개발 NGO들과 연관돼 있는데, 유럽 NGO의 50퍼센트 이상이 개발 NGO(제3세계를 지원하는 NGO)다. 한국은 OECD 가입국이어서 기부 대상이 아니므로 한국에서 서구 개발 NGO의 영향력은 거의 없다. 그러나 IMF 이후 한국에서도 사회서비스 NGO가 빠르게 성장해 온 추세여서 서구나 제3세계 NGO와의 차이는 점점 흐려지고 있다.

한국의 시민단체는 대부분 1987년 이후 설립됐다. 그 전에도 흥사단(1913년 설립), YMCA(1903년 설립), 한국가정법률상담소(1956년 설립) 같은 시민단체가 있었지만, 군사독재 시절의 시민단

〈그림 2〉 한국 시민단체의 양적 성장 추이(1980~2005년, 단위 : 개수)[2]

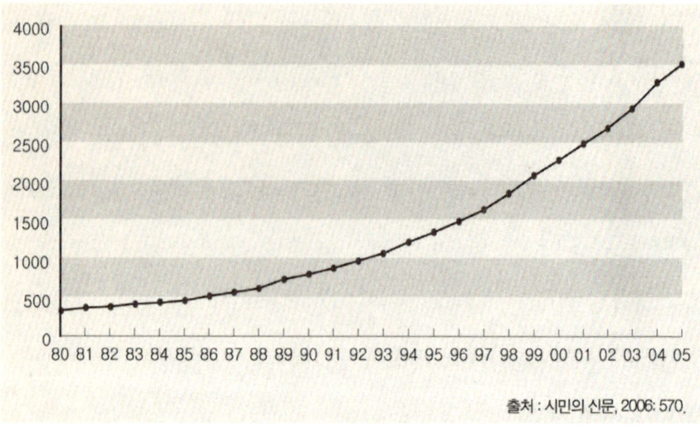

체는 대개 정치적 이슈를 다루지 않았고 자선적 성격이 강했다. 시민단체의 설립 시기를 보면, 전체 시민단체의 70퍼센트 이상이 1990년 이후 설립됐고, 2000년 이후 설립된 단체도 전체의 40퍼센트에 이른다. 시민단체의 양적 성장 추이 그래프를 보면 이 점을 한눈에 알 수 있다(〈그림 2〉 참고). 국제적으로도 NGO는 1989년 이후 급증했다. 지금부터 그 배경이 무엇인지 살펴보겠다.

한국 시민운동의 등장 배경

한국 시민운동의 대부 격인 한 인사는 "어떤 시대이든지 그 시대

의 과제가 있고 이를 해결하고자 하는 지식인과 시민들의 운동이
있다. 그게 바로 시민운동이 아닌가?"³ 하면서, "과거 독재 때는
민주화 운동이 시민운동이었다"고 말했다. 그러나 이런 설명은
한국에서 시민운동이 어떤 배경과 맥락 속에서 등장했는지를 제
대로 이해하는 데 도움을 주지 못한다.

한국에서 시민운동은 그가 암시하는 것과 달리, 전부터 그저
자연스럽게 존재한 유력한 운동이 아니었다. 한국의 시민운동은
1980년대에 유력했던 체제 변혁 지향적 운동이 비현실적이 됐다
는 생각을 반영해 1990년대 초부터 급격히 부상한 운동이다. 시
민운동의 주요 지식인 가운데 한 명인 김동춘 교수는 "89년 말
경실련의 창립을 필두로 본격화된 한국 시민운동은 …… 한편으
로는 체제변혁적·계급투쟁적 운동에 대한 반정립이자 동시에
그것으로 포괄되지 않는 민주화 영역을 정치사회, 경제적 차원으
로 확대하려는 문제의식이 집약되어 있다"고 했다.⁴(그러나 1980
년대 체제변혁적·계급투쟁적 운동이 민주화 영역을 포괄하지 못했
다고 말하기는 어렵다. 당시 진정한 민주화 운동의 주역들은 바로 변
혁 운동가들이었다. 김동춘 교수가 체제변혁적·계급투쟁적 운동이
민주화 영역을 포괄하지 못한다고 했을 때 그가 염두에 둔 "민주화
영역"은 제도권을 말하는 듯하다.)

1990년대 초에 시민운동이 부상하는 데는 두 가지 요인이 작
용했는데, 하나는 1987년 대중투쟁의 결과 권위주의에서 자유민

주주의로 불안하게나마 전환이 시작된 것이고, 다른 하나는 옛 소련 블록(이하 동구권)의 붕괴였다. 이 둘이 맞물린 상황은 운동 진영과 활동가들에게 혹독한 시련을 안겨 줬다.

1987년 대중투쟁의 폭발은 군사독재 정권이 전과 같은 방식으로는 계속 통치하기 어렵다는 것을 의미했다. 지배자들은 자유주의적 야당의 정치 활동 허용과 대통령 직선제 도입 등 제한적 자유화 조치를 취함으로써 폭발적 양상을 진정시킬 필요가 있었다. 이를 위해서는 경제적 요구도 어느 정도 충족시켜야 했는데, 당시 최대 호황을 누리던 한국 자본주의는 경제적으로 양보할 여지가 있었다. 비록 자유화 조치가 매우 제한적이고 느리고 굴곡으로 얼룩졌지만(여전한 국가보안법의 존재와 적용이 이를 보여 준다), 일단 이런 변화가 시작되자 "시민적·정치적 권리가 일정하게 보장되는 민주주의적 조건을 활용해야 한다"는 주장이 고개를 들기 시작했다.

만약 1989~1991년 동구권 붕괴가 없었다면 이런 주장이 광범한 활동가들 사이에서 얻은 반향은 실제보다 훨씬 덜했을 것이다. 당시 자유주의자들(이들은 투쟁이 더 나아가는 것을 두려워했다)과는 달리, 혁명 전망을 갖고 있던 전투적 투사들은 비록 스탈린주의자였고 2단계 혁명론(선先 민주혁명 완수, 후後 근본적 사회변혁)이라는 약점이 있긴 했지만 이런 변화에 만족하지는 않았다. 게다가 노태우 정부의 '민주주의'는 너무도 알량해서 노동자 투쟁과 좌파 세력을 혹심하게 탄압했다. 무엇보다, 1987년 6월 항쟁이라는 정치투쟁은 7~9월 노동자 투쟁(경제투쟁)으로 이어져 한국전쟁 이후 처음으로 노동계급의 힘을 역사에 각인하고 있었다. 노동자 투쟁은 1989년까지 고양됐다. 최근 지식인들은 1987년을 돌아보며 대개 6월 항쟁만을 중요하게 다루고 7~9월 노동자 투쟁을 제대로 조명하지 않는데, 당시 노동자 대투쟁은 지배계급이 6월 항쟁의 성과를 되돌리지 못하도록 못 박는 결정적 구실을 했다.

그러나 활동가들이 대안 사회로 여기던 동구권이 붕괴하자 1990년대 초반 내내 '민주화' 조건을 활용하는 것 말고 다른 대안이 있겠느냐는 등의 낙담과 대안 부재와 혼란이 활동가들 사이에 깊게 퍼져 갔다. 당시 좌파들은 극소수 예외(국제사회주의자들)를 제외하면 모두 동구권의 몰락을 사회주의의 몰락으로 봤다. '우리가 꿈꾸던 사회주의는 한낱 이상이며, 설사 사회주의를 이룬다 해도 그것은 끔찍한 독재로 막을 내릴 것이다.'

1980년대에 좌파 가운데 한 명이었고 나중에 시민운동 친화적 지식인이 된 한홍구 교수는 당시 상황을 이렇게 설명했다. "1980년대까지 한국 사회 민주화 추동 세력의 상당 부분이 사회주의에 매력을 느끼고 있었다고 봅니다. 1987년 일정한 수준의 민주화가 시작되면서 아마도 사회주의적인 방향의 개혁 요구가 심화되는 방향으로 나아가려던 참에 동구 사회주의 체제가 무너지기 시작한 것이죠. 동구가 무너지면서 우리대로 대안을 갖지 못하고 발전 모델을 갖지 못하고 흩어지면서 각개 약진하게 됩니다."[5]

당시 진지한 활동가들은 동구권 붕괴에 심각한 충격을 받아 '성찰'과 '모색'의 시기를 겪게 된다. 마르크스 저작을 다시 들춰 보기도 했지만, 심지어 누구는 제도권 학교 윤리 교과서조차 들춰 봤다고 하니 당시의 사상적 혼란이 얼마나 컸는지 짐작할 수 있다.[6] NGO 활동가 1세대는 대부분 이런 과정을 거치면서 노동운동·학생운동에서 시민운동으로 이동해 온 사람들이다. 현재 시민운동에 몸담고 있는 에코붓다 유정길 대표와 열린사회시민연합 박홍순 씨의 진술은 당시의 고민을 생생하게 보여 준다. 유정길은 학생운동을 하다 구속 수감된 뒤 노동운동을 준비하던 중이었고, 박홍순은 학생운동 출신으로 전민련(전국민족민주운동연합)과 전국연합(민주주의민족통일전국연합)의 활동가였다.

90년에 사회주의가 붕괴하고 소련이 붕괴하는 것을 보면서, 당시 같이 활동했던 사람들이 굉장히 많이 정신적인 혼란을 겪었죠. 우리가 지향하는 기본적인 방식이 정서적으로 약간 맑시즘적인 느낌이랄까, 사회주의의 영향을 많이 받았다고 볼 수가 있는데, 꼭 사회주의와 똑같은 것은 아니라 할지라도 그런 방향에서 희망의 쏘스가 좀 있지 않을까라고 생각을 많이 했던 사람들이, 동구가 무너지고 사회주의가 붕괴하는 것을 보면서 우리가 지향할 목적이나 비전 같은 것들이 사라지는 것들을 보고 많은 이념적인 혼란에 빠졌죠. 노동운동을 하거나 사회운동을 하는 사람들에게 우리가 지향해야 할 사회가, 하려고 하는 사회의 적籍이 없어져 버리니까(유정길).[7]

이전까지 운동을 하던 사람들한테 지배적인 철학적 영향이란 사실 마르크스-레닌주의였는데, 그것에 대한 비판과 반성으로 출발한 측면도 컸어요. 특히 저희 젊은 세대들은 이른바 주체사상의 영향을 많이 받았죠. …… 재야 민주화 운동이란 게 계급적 관점에 섰으니까 사회를 갈등적으로 보고 결국 정치권력의 획득을 통해서 진보를 이룩하는 것을 중심으로 했기 때문에 그 한계를 보고 …… 시민사회의 중요성에 대해 발견하게 되는 거죠(박홍순).[8]

위 인용문에서 얼핏 알 수 있듯이, 1980년대 중후반을 휩쓴 '마르크스-레닌주의'와 변혁 운동론에 대한 근본적 의문과 비판이 1990년대 초에 제기됐다. 1980년대 중후반에 운동에 입문한 사람들에게 마르크스주의는 당연히 옳은 것으로 인식됐다. 유정길은 그것을 이렇게 표현했다. "'무엇이 옳다'라는 생각들을 명확하게 잡고 있었고, 그것들로 모든 것을 판단하고 …… 그걸 통해서 정세 분석도 하고, 활동의 전략과 방향을 결정하기도 했던 시절"이었다. 그러나 그는 곧 "그런 유일한 척도를 내려놓고 …… 과

거처럼 권력을 획득하는 것이 아[닌]" 방식으로 사회를 변화시키는 다른 방식을 찾게 된다.

여기에 "조직 문화를 둘러싸고 그동안 유보한 회의와 성찰"도 결합됐다. 당시에 팽배했던 스탈린주의적 조직 문화는 '민주적 중앙집중주의'를 조직 노선에 대한 맹목적 복종으로 이해했고, 상명하달식 노선에 투사 개인의 인격을 완전히 종속해 왔다. 이에 대한 반발은 개인의 욕구 충족이 먼저라는 이유로 전략을 거부하는 데로 나아갔다. "활동가들은 이제 '무엇을 해야 하는가'가 아니라 …… '무엇을 하고 싶은가'를 생각하기 시작했다. …… 이념성 대신 구체적 삶이 이루어지는 생활세계를 새로이 발견했다."[9]

이것은 후일담 소설이나 포스트모더니즘 같은 유행 조류와 잘 맞아떨어졌다. 이제 '계급으로부터 후퇴'가 본격적으로 시작돼, 많은 사람들이 "사회를 근본적으로 바꾸기 위해" 주목했던 노동운동을 떠났다. 고계현 경실련 사무처장은 "더 실용적이고 중도적인 그리고 합리적인 운동이 필요"하다고 여겼고, 김민영 참여연대 사무처장은 "별다른 실천을 못 하는 커다란 운동이 아니라 작은 거라도 바꿀 수 있는 실용적인 운동을 하고 싶었다"고 당시를 회고했다.

요컨대, 시민운동은 동구권 붕괴에 따른 환멸감, 국내 상황 변화에 따른 변혁 전망의 상실(1980년대 후반 투사들은 곧 혁명이 일어난다는 기대나 조급증을 갖고 있었다)이 결합된 배경 속에서 등장했다. 이런 조건에서 활동가들은 1990년대 초반 내내 고민을 거치며 시민운동 진영으로 발길을 옮겼다. 이 과정에서 이들은 소련식 '마르크스주의' 또는 주체사상이라는 "유일한 척도"를 내려놓고, 하나의 대안으로 '시민사회'에 주목했다. '시민사회론'은 시민운동으로 옮겨 가는 사람들의 이론적 근거였다.

제2장
시민사회 개념의 재등장

시민, 시민사회, 마르크스

'시민사회'라는 개념은 20세기 내내 별로 주목받는 사상이 못 됐다. 19세기 말부터 적어도 1970년대까지 마르크스주의가 유력한 사상일 때 키워드는 '시민'이 아니라 '계급'이었다.

원래 시민사회는 대략 18세기 후반부터 중세 봉건사회를 대체해 등장한 새로운 사회질서를 통칭하는 용어로 쓰이기 시작했다. "프랑스 혁명은 인류 역사에서 '시민'으로서 인정받지 못한 사회집단을 '시민계급'의 핵심으로 만듦으로써 '시민' 개념의 의미를 '인간' 일반으로 보편화했다. …… 근대적 시민의 이상은 불평등을 당연한 것으로 간주하는 구질서를 대신하는 새로운 사회상을 발전시켰다. 그것은 개인의 자유와 이성에 기초한 사회, 개인들의 능력에 따라 부가 분배되는 사회를 지향했으며, 무엇보다도 개인들의 양심과 사상의 자유, 정치적 표현과 참여의 자유를 보장하는 민주적 법치 국가를 추구했다."[1] 조희연 교수의 정의에 따르면, "봉건적 질곡에서 해방되어 평등한 인격적 주체로 상정된 새로운 인간, 이것이 시민이며, 이 시민들로 구성된 사회가 곧 시민사회인 것이다."[2]

그러나 산업자본주의가 발전하자 프랑스 혁명의 정치적 유산에 의문이 제기됐다. 1789년 프랑스 대혁명의 슬로건은 "자유·평등·우애"였다. 그러나 혁명으로 옛 봉건적 특권과 위계가 일소되고 법적 평등이 실현된 반면에, 심대한 계급 분열은 여전했다. 산업혁명으로 계급 분열은 더욱 심해졌다. 구체제의 지배 세력과 투쟁하는 전선에서 하나의 대오를 이뤘던 '시민'은 이해관계에 따라 대립하기 시작했다.

헤겔*은 시민 개념이 근대 시민사회의 내적 이질성을 은폐한다고 봤다. 그는 최초로 시민사회와 국가를 뚜렷하게 대비시켜 이해한 사상가였다. 그 전에 계몽주의자들은 시민사회와 국가를 동일한 범주로 이해했다. 그들은 정부가 사회계약에 의해 수립된 것으로 믿었고, 정부를 수립한 이 계약에 의해 시민사회도 수립

---

* 헤겔Georg Wilhelm Friedrich Hegel(1770~1831)은 독일의 대표적 관념철학자로, 슈투트가르트에서 태어나 튀빙겐 신학원에서 공부했다. 예나 대학 강사, 〈밤베르거 자이퉁〉 편집인을 거쳐 베를린 대학교 철학 교수를 지냈다. 주요 저작으로 ≪정신현상학≫, ≪법철학≫ 등이 있다.

된다고 여겼다. 이와 달리 헤겔은 시민사회를 "근대 세계의 산물"로 봤다. 시민사회는 역사적 과정의 결과이지, 사람들이 모여 정부를 형성할 때마다 등장하는 것이 아니다.

헤겔의 시민사회는 애덤 스미스의 상업사회였다. 그러나 고전 경제학자들과 달리 헤겔은 규제되지 않는 시민사회는 이렇게 저렇게 체제에 기능 장애를 불러온다고 봤다. 여기서 시민사회의 갈등을 억제하고 조화를 이루기 위한 국가의 필요성이 나온다. 헤겔은 국가를 "지상 위에 구현된 관념"의 최고 형태로, 이를 통해 시민사회의 모순이 해결된다고 봤다. 국가는 시민사회의 이기적 개인들을 사회제도를 통해 하나의 정치 공동체로 통합한다.

마르크스◆는 헤겔처럼 국가와 시민사회를 구별했지만, 헤겔과 달리, 국가를 특정 계급의 지배 유지 수단으로 봤다. 마르크스는 프랑스 혁명으로 이룩된 정치적 해방의 제한적 성격을 비판했고, 시민사회의 **자유의 허구**를 들춰냈다. 마르크스는 정치경제학으로 시민사회를 해부했다. 시민사회에서 노동자는 자본가에게 자신

◆ 마르크스Karl Heinrich Marx(1818~1883)는 트리에의 세속적인 유대인 가정에서 태어났고, 본 대학교와 베를린 대학교에서 법과 철학을 공부했다. 공산주의자동맹의 지도자였고, 〈신라인신문〉 편집장을 지냈다. 1848년 혁명이 패배하자 런던으로 망명했으며, 국제노동자연합(제1인터내셔널)을 창립하고 지도했다. 주요 저작으로는 ≪공산당 선언≫과 ≪자본론≫ 등이 있다.

의 노동력을 판매하지 않으면 오로지 굶어 죽을 자유밖에 없다. 자본가는 생산수단에 대한 지배력을 이용해 사람들이 자신을 위해 일하게 만들고, 임금을 벌충하는 데 필요한 시간 이상으로 노동을 시켜 생산된 잉여가치를 독차지한다. 노동자는 법적으로 자유롭고 그의 노동은 자발적이므로 착취는 은폐된다. 시민사회의 불평등은 이와 같은 자본주의적 생산관계에서 비롯한다.

그리고 생산수단을 통제하는 계급이 국가도 통제한다. 마르크스가 《공산당 선언》에 썼듯이, "근대 국가의 행정부는 부르주아지 전체의 공동 업무를 처리하는 하나의 위원회에 불과"하고, "정치권력은, 정확히 말하면 단지 한 계급이 다른 계급을 억압하는 조직화된 폭력일 뿐이다." 마르크스에게 시민사회는 선善이 아니라 변혁해야 할 대상이었다. 새로운 사회는 시민사회를 규제하거나 개혁해서 이루는 게 아니라 시민사회 자체를 지양해서 이룰 것이다. 알렉스 캘리니코스는 마르크스의 주장을 이렇게 설명한다. "시민사회, 더 정확하게 말하면 부르주아 사회 — 이 개념들을 모두 포괄하는 동일한 독일어 표현은 bürgerliche Gesellschaft이다 — 는 역사의 종말이 아니라, 그저 역사적으로 일시적인 사회형태일 뿐이다. 그 같은 사회가 개인의 자유를 실현한다는 주장은 자본주의적 착취 속에서 근본적으로 거짓임이 드러난다. 진정으로 합리적인 사회를 창조하고자 하는 계몽주의의 열망은 그 이상의 사회혁명을 요구한다."[3]

　마르크스의 이런 분석은 프랑스 혁명 이후 등장한 자유주의 경향과는 전혀 달랐다. 자유주의자들은 1789년의 유산을 맹렬히 비난하며 혁명의 이상을 자코뱅의 공포정치와 분리하려 했다. 프랑스는 혁명 과정에서 공포정치와 테르미도르 반동 등을 경험했는데,[4] 이 과정에서 국가는 지주계급의 연합체뿐 아니라 지식인 모임이나 예술가 모임, 노동자 상호부조 모임 등도 해체했다. 자유주의자들은 개인의 자유와 의회 제도를 혁명의 진정한 유산이라고 옹호했고, 개인의 자유를 로베스피에르가 옹호한 고전 공화주의의 집합적 자유 개념과 대립시켰다.

　여기서 토크빌*을 잠깐 살펴보는 것도 의미 있을 것이다. 요즘 사용하는 시민 또는 시민사회에 가장 가까운 개념을 정립한 사람이 토크빌이라고 생각하는 시민사회 이론가나 시민운동 활동가가 많기 때문이다. 토크빌은 자유주의적 시민사회론의 선구자로 평가된다. 프랑스의 역사가이자 정치인인 토크빌은 근대적 자유를 위협하는 환경을 사회·역사적으로 분석하면서, 민주주의 사회를 특징짓는 신념과 관습을 검토하는 데 집중했다. 그는 조

◆　토크빌Alexis-Charles-Henri Maurice Clérel de Tocqueville(1805~1859)은 프랑스의 정치가이자 역사가이다. 노르만 귀족 출신이며 법률가 교육을 받았고 잠시 치안판사로 일했다. 미국을 여행한 뒤 대표작 ≪미국의 민주주의≫를 썼다. 국민의회의원과 외무장관을 지냈고, 1852년 루이 나폴레옹 보나파르트의 쿠데타 뒤에 정계를 은퇴했다.

건의 평등과 개인의 자유라는 두 가지 주요한 근대적 가치 간에는 특유의 갈등이 존재한다고 봤다. 토크빌은 프랑스 대혁명 이후 "중앙집중화의 원칙과 인민주권의 원칙"을 결합한 근대적 형태의 전제주의(중앙집권제 국가)를 우려했고, 정치제도의 작동 속에서 드러나는 '다수의 횡포'도 개인의 자유를 위협한다고 봤다.

토크빌은 미국을 여행하는 동안 민주주의가 다수의 폭정으로 전락하지 않게 하는 중요한 기반을 발견했는데, 그것은 바로 토크빌이 "자유 제도free institution"라고 부른 시민적·정치적 결사체였다. "민주주의 국가들에서는 결사체가 조건의 평등이 일소시켜 온 강력한 사적 개인을 대신해야 하기 때문"이다. 그러나 토크빌은 "자유 제도"가 중심의 권력을 제한하는 소극적 구실 이상의 기능을 한다고 봤다. 그는 시민들이 정치적 삶 속에서 적극적 구실을 하는 것, 즉 참여를 중요하게 생각했고 직접민주주의에 관심을 기울였다.

그러나 민주주의 사회에 대한 토크빌의 분석에는 명백한 약점이 있는데 그것은 토크빌이 "스미스, 헤겔, 리카도, 그리고 젊은 밀이 상이한 방식으로 전개했던 이해 방식, 즉 근대적 삶은 그 특유의 동학과 갈등을 지닌 새로운 형태의 경제 체계*로 결속되어 있다는 점을 거의 보여 주지 않는다"[5]는 것이다.

---

* 마르크스가 자본주의라고 부른 것.

시민사회 개념의 재등장과 그 함의

'시민'이 '계급'을 대체하는 지위로까지 '복권'되는 추진력을 제공한 것은 옛 동구권의 붕괴였다. 개발 NGO에서 활동해 온 마이클 에드워즈가 지적하듯이, "1989년 베를린 장벽의 붕괴로 귀착된 정치적 변동들은 시민사회 개념에 계몽의 시대 이래로 단 한 번도 향유할 수 없었던 지명도를 선사했다."[6] 옛 동구권의 붕괴는 국가로부터 시민사회의 자율성을 회복한 역사적 사건처럼 해석됐다.

시민사회론의 관점에서 볼 때, "국가보다는 사회(시민사회)가 우선적인 가치를 지녀야 하고, 그러기 위해서는 국가는 될 수 있으면 작은 국가, 시민사회에 개입하지 않고 그 외곽에서 이를 보호하고 지원하는 존재가 되어야 [한다.]" "국가는 이 시민사회 위에 군림하면서 시민들을 통치하는 별도의 주체가 아니라, 이 시민들이 행사하는 정치적 권리(참정권)에 의존하는 것이다. 따라서 국가는 시민사회 내에서 다수의 공공적 여론을 형성하고 정치적 지지를 이끌어 낼 수 있는 세력에 의해 일정 기간 동안 운영되는 것이[다.] …… 더 이상 국가는 국민을 지배하고 억압하고 이끌어 나가는 주체가 아니며, 그 통치자는 오로지 한시적인 권력 위임을 받은 존재에 불과하다."

조희연 교수는 "20세기 접어들면서 서구에서는 앞서거니 뒤서

거니 하면서 이런 성격의 국가, 시민사회가 형성되어 갔다”면서 “그러나 이후, 특히 2차대전 이후 서구에서는 다시 한동안 시민사회보다는 국가가 절대적 우위를 점하게 되는 역전 현상이 나타나게 된다”고 설명한다. “그 계기는 두 가지”였는데, “하나는 사회주의 국가의 등장”이고, “다른 하나는 복지국가 체제의 등장”이다.[7] 그리고 이 “역전 현상”을 다시 뒤집은 결정적 사건이 바로 동구권 몰락이었다. “여러 동구권 나라들에서 국가권력에 저항하여 다양한 자발적인 네트워크를 형성해 온 지식인들을 중심으로 대대적인 시민 동원이 이루어졌으며, 이를 이끈 주체들이 사회주의 정권 몰락 이후 선거를 통해 집권하여 전과 다른 모습의 다원주의적 사회체제를 이끌어 나갔다.”[8]

그러나 내가 보기에 이것은 여러모로 의심스러운 진술이다. 러시아는 물론이고 동유럽 여러 나라에서도 국가는 지금도 여전히 절대적 우위를 점하고 있다. 몰락 전의 동구권은 사회주의 사회였기는커녕 서구 사회와 꼭 마찬가지로 근본에서 착취적이고 억압적이며 비민주적인 사회였고, 몰락 이후 새로 등장한 체제는 전보다 진보한 것도 더 퇴보한 것도 없는, 게처럼 옆걸음질친 체제였다. 그것은 “위기가 반복되고 독점이 지배하고 복지를 삭감하는 1990년대의 자본주의와 얄팍한 의회제 대의 민주주의로 겉치레만 하고 거의 개혁되지 않은 국가 기구들의 결합체였다.”[9]

물론 동유럽 격변은 더 멀리 나아갈 수도 있었다. 동구권 붕괴는 경제 위기와 대중 저항이 결합된 결과였다. 1968년 이후 동유럽에는 경제 위기와 투쟁의 고양이 주기적으로 찾아왔다. 서방 세계의 스탈린주의 좌파들은 동유럽 사회를 사회주의로 여겨 경제 위기도 노동자 투쟁도 없을 것이라고 착각했지만 말이다. 1989~1991년 격변은 그 전의 격변들보다 규모는 훨씬 컸지만, 성격은 그다지 근본적이지 않았다. 이 격변은 너무 부드러운 나머지 "벨벳 혁명"이라고 불렸다. 그렇게 된 데는 동유럽 재야의 영향이 컸다. 그들은 시민사회론, 즉 구질서 안에 시민사회 기구를 건설해서 서서히 자유민주주의 규범을 받아들이게 할 수 있다는 "자기 제한적 혁명"을 신봉했다. 결코 근본적 사회변혁은 원하지 않았던 것이다.

동유럽 재야가 처음부터 이런 사상을 신봉했던 것은 아니다. 예컨대 폴란드의 반체제 인사인 야첵 쿠론은 1960년대에는 진정한 마르크스주의 관점에서 폴란드 국가를 혁명적으로 비판하며 진정한 노동자평의회로의 복귀, 노동자의 무장, 반관료 혁명 등 혁명적 결론을 주장했다. 그런데 그와 동유럽 반체제 지식인들은 1968년 반란 패배 이후 서방 좌파의 다수가 그랬듯이 체제 내 개혁이라는 생각을 받아들였다. 개혁파가 된 야첵 쿠론은 1980년대 말 폴란드 반체제 운동의 급진파에게 이렇게 주장했다. "많은 친구들, 폴란드 반정부 활동가들은 우리에게 묻는다. 너희는 왜 [정부와의] 원탁협상에 참가하는가? 대중을 계속 조직하고 사회 파열의 가능성을 높이는 것이 더 낫지 않을까? 우리의 대답은 '아니오'다. 우리는 힘으로 체제를 무너뜨리기를 원하지 않는다. ……민주주의로 가는 길은 점진적 진화 과정, 민주주의 기구들의 점진적 건설 과정이어야 한다"(강조는 필자). 이것이 바로 동유럽 격변 당시 시민사회론의 실천이었다.

시민사회론은 "시민사회"가 국가(그리고/또는 경제)와 구분되는 자율적 영역으로, 마르크스가 주장한 혁명 없이도 민주주의와 평등과 개인의 자유를 추구할 수 있는 공간이라고 주장한다. 그러나 동구권 붕괴 이후에 시민사회론이 부상한 것은 이런 점이 입증됐기 때문은 아니다. 오히려 동구권 붕괴를 사회주의 실패로 여긴 당시의 대다수 좌파들이 이제 사회주의 사회라는 대안은 한낱 이상향일 뿐이므로 자본주의 내에서 민주주의를 확대해 진보를 추구하는 게 최선이라고 믿게 됐기 때문이다.

시민사회론의 영향을 받은 일부 서방 좌파들은 동구권의 위기가 마르크스주의 '경제 환원론'의 문제점을 입증한 것으로 여겼다. 즉, 마르크스주의자들이 민주주의를 자본주의와 동일시해, 목욕물 버리려다 아이도 버리듯이 자본주의와 함께 민주주의도 내팽개친 우를 범했다고 생각한 것이다. 대안 사회로 독재를 원하는 게 아니라면, 이제 동유럽 반체제 지식인들처럼 국가를 견제할 수 있는 세력으로서 시민사회에 주목하는 것이 당연한 것처럼 보였다.

민주주의 문제

사실, 이제 대안 사회가 민주적이어야 한다는 주장을 하지 않는
사람은 없다. 문제는 그 민주주의가 흔히 특정한 제도적 형태, 즉
근대 자유민주주의와 등치된다는 것이다. 시민사회론은 이런 식
의 혼동을 조장하는데, 일부 시민사회론자들은 '부르주아적'이라
고 번역될 수도 있고 '시민적'이라고 번역될 수도 있는 독일어
'bürgerlich'의 중의성을 이용해 시민사회의 승리를 시장의 승리
와 등치시키기도 한다. 다른 한편, 시민사회론의 좌파적 버전은
자유민주주의의 한계를 인정하는 듯하지만, 정당과 의회 영역이
제대로 작동하도록 감시·견제·견인해야 한다고 주장한다. 또,
민주주의를 경제 분야로까지 확대해야 한다며 자본의 이윤 논리
가 지배하는 영역을 최소화해야 한다고도 한다. 권력 분산도 쟁
점 가운데 하나다.

그러나 과연 자본주의 체제 내에서 진정한 민주주의, 보통 사
람들의 민주적 통제는 실현될 수 있는가? 요즘 우리는 선출된 집
단의 선거 공약도 선출되지 않은 권력 중심의 반대에 부딪혀 좌
절되는 경우를 어렵지 않게 볼 수 있고, 보통 사람들은 점점 투표
에 참가할 의의를 찾지 못하고 있다. 대기업이나 군대, 관료제 같
은 실질적 권력의 가장 중요한 도구들은 어떤 민주적 통제도 받
지 않는다. 그래서 자유민주주의를 비판한 마르크스주의자들은
자유민주주의가 중립적인 제도적 틀이 아니라 **부르주아 민주주의**

라고, 즉 자본가계급 지배의 특정 형태라고 역설한다.(그렇다고 고전적 마르크스주의자들이 우익에 의한 자유민주주의 공격을 노동 계급과는 상관없는 자본가계급만의 문제로 치부하지는 않았다. 오히려 고전적 마르크스주의자들은 노동계급 운동의 발전에 유리한 조건을 제공하는 정부 형태인 부르주아 민주주의가 권위주의적 정부 형태보다 낫다는 점을 이해하는 동시에 그것을 혁명적으로 극복하려고 노력했다.)

시민운동가들은 참여민주주의를 강조하지만, 참여민주주의로는 거대한 경제 권력에 대한 민주적 통제의 부재라는 자유민주주의의 구조적 결함을 해소할 수 없다. 대중적 노동계급 투쟁으로부터 자생적으로 발전하는 평의회 민주주의만이 그 대안을 제공할 수 있다. 사회주의적 민주주의인 평의회 민주주의는 "자본의 힘에 대한 유일한 실질적 '상쇄력'이 동원되는 최고의 형태를 대표한다. …… 소비에트[평의회]는 노동자계급이 생산의 지점에서 발전시키는 조직화된 힘이다. …… 현대 산업경제의 조직이 노동자 통제의 확립을 통하지 않고서 도대체 어떻게 민주화될 수 있을까? …… 소비에트를 통해 창출되는 집단적 조직과 정치적 자기의식은 이제 직장 밖에서 사람들이 직면하는 문제들이 처리될 수 있는 기초를 공급할 수 있다."[10]

시민운동은 참여민주주의를 주장하지만, 그것은 깨어 있는 시간의 상당 부분을 직장에 매여 있지 않은 사람들만이 누리는 참여

기회일 수밖에 없다. 반면, 노동자 평의회는 직장 틀 내의 작은 단위를 바탕으로 시민들이 통치에 지속적·능동적으로 관여할 수 있는 기초가 되며, 상당한 탈脫중앙집중화를 수반한다. 대표자는 작은 단위별로 선출되고 언제든지 즉시 소환될 수 있다. 노동자 평의회는 직접민주주의와 대의제 민주주의의 독특한 결합이다.

그러나 많은 사람들은 옛 소련이 소비에트 연방이었고 이것이 독재적 제도였다고 생각한다. 하지만 옛 소련에서 소비에트 민주주의는 전혀 작동하지 않았다. 러시아 혁명 과정에서 탄생한 소비에트 민주주의는 혁명의 국제적 고립과 내전 등으로 "관료적 왜곡"을 겪었고, 결국 1928~1929년 스탈린주의 관료의 반혁명으로 완전히 질식사했다.

자유민주주의를 확대하는 것 말고 다른 대안은 없다는 생각의 위험은 노동자 대중운동이 분출할 때 이 운동이 자유민주주의의 제도적 틀을 무시한다며 운동의 반대편에 설 수 있다는 것이다. 촛불항쟁 한가운데서도 거리의 정치를 그만두고 제도권에 맡겨야 한다거나 이제 운동의 제도화로 전환해야 한다는 주장이 있었다. 투쟁이 증폭되면 거리의 정치냐 제도권이냐 하는 갈등도 증폭될 것이다. 역사적 경험을 보면, 노동계급 투쟁의 급진화로 맹아적 형태의 소비에트 권력이 출현할 때, 자유민주주의 의회 제도는 반혁명 세력의 구심점이 돼 그들이 혁명을 탄압하는 것을 민주적으로 정당화하는 구실을 하는 경향이 있었다.

국가와 시장 문제

시민사회론은 국가가 시민사회보다 우위에서 시민사회에 개입하는 것을 현대 사회 위기의 중요한 원인으로 본다. 이런 점에서 옛 소련식 사회는 물론 복지국가도 지지하지 않는다. 뒤에서 자세히 살펴보겠지만, 하버마스는 제2차세계대전 이후 1960년대 후반까지 복지국가가 한창일 때 물질적 풍요를 얻는 대신 국가권력에 대한 비판적 통제를 가능하게 하는 공론장public sphere의 근거를 완전히 상실했다고 봤다. 물론 시민사회론이 국가를 부정하거나 폐지를 주장하는 것은 아니다. 마르크스주의가 국가를 계급적대의 산물로 보고 궁극적 폐지를 주장하는 반면, 시민사회론은 국가가 시민에게서 "한시적으로 권력을 위임"받은 것으로 가정하며(그래서 자신들이 원하는 대로 국가를 개혁하려 한다), 시민사회에 개입하지 않는 작은 국가를 원한다.

시민사회론의 이와 같은 국가관은 신자유주의를 비판하면서도 신자유주의에 뒷문을 열어 놓는다는 문제가 있다. 예를 들어 NGO들은 복지서비스를 제공하는 국가 역할을 줄이고 시민사회 부문의 주체들에게 '권력 이양empowerment'을 해야 한다고 주장하는데, 이것은 신자유주의 정부의 '민영화' 논리와 맞아떨어진다. 정부와 '거버넌스governance'를 형성하면서 뜻하지 않게 신자유주의의 길을 닦게 되는 것이다. 물론 NGO들이 무비판적으로 신자유주의를 지지하는 것은 아니다. 대부분의 NGO는 시장만능주의를 비판하며 시장을 규제하고 탐욕과 공포로 얼룩진 자본주의를 인간의 얼굴을 한 자본주의로 바꾸고자 한다. 그러나 그들이 시장을 인류의 상태를 개선할 수 있는 틀로 수용한다는 점에 근본적 한계가 있다. 뒤에서 자세히 다루겠지만, 시장은 정의·평등·민주주의 같은 가치와 양립할 수 없다.

여기서 사회주의를 국가 통제와 동일시하는 흔한 오해를 짚고 넘어가는 게 좋을 듯하다. 이것이 시민사회론자들을 비롯한 많은 사람들이 사회주의를 결코 선택할 만한 대안으로 여기지 않는 이유다. 진보 진영 내에서 "국가사회주의"라는 말이 널리 사용되는 것만 봐도 이런 오해가 얼마나 널리 퍼져 있는지 알 수 있다. 마르크스는 "국가사회주의"라는 (라살의) 말을 하나의 형용모순으로 여겨 일축해 버렸다. 마르크스는 국가의 강화를 옹호하기는커녕 국가의 폐지를 갈망했던 것이다. 그래서 그는 ≪고타강령 비판≫에서 "자유는 국가를 사회 위에 군림하는 기구로부터 사회에 철저히 종속되는 것으로 전환할 때 가능하다"고 썼다. 고전적 마르크스주의는 사회주의로 이행하면 국가가 사멸할 것이라고 봤다. 스탈린 체제 — 옛 소련과 동유럽, 중국과 북한 등 — 에서 나타난 국가 강화는 마르크스주의와도, 진정한 사회주의와도 전혀 관계가 없었던 것이다. "개인을 국가로 해소하고자 하는 전체주의적 의도를 마르크스 탓으로 돌리는 것은 자유주의자들의 왜곡과 스탈린이 행한 마르크스주의의 끔찍한 변조의 결과일 뿐이다."[11]

제3장

한국 NGO의 사상과 그 문제들

자유주의적 시민사회론과 경실련

1992년 한국사회학회와 한국정치학회가 공동 주최한 "한국의 정치변동과 시민사회"라는 토론회에서 발표된 한완상 교수의 논문은 한국에서 시민사회 논의가 막 시작된 당시의 문제의식을 보여준다.[1] 우선, 그는 1987년 이후 한국에서 국가로부터 "시민사회의 자율적 공간"이 "확장"돼 왔으므로 이를 주도해 온 "시민사회운동의 활성화 현실"에 주목해야 한다고 주장했다. 그는 이런 흐름이 "하나의 전 지구적 현실"이라며 동구권에서도 "사회주의 체제의 권력 주체가 오랫동안 망각해 왔거나 무시해 왔던 '시민사회'가 새롭게 각광을 받기 시작"했다고 역설했다.

한완상 교수는 "시민사회가 튼튼한 서구 자본주의 체제"에서는 "단숨에 기동전으로 국가권력을 쟁취할 수 있었던 1917년의 볼셰비키 경험은 재생산되기 어렵다"며 이탈리아 혁명가 안토니오 그람시를 원용했다. 이제 "시민사회"가 튼튼하다는 점은 단지 서구뿐 아니라 한국도 포함한 전 지구적 현실이므로 오늘날 볼셰비키 혁명을 재현하는 것은 불가능해졌다는 것이 한완상 교수의 결론이었다.

한완상 교수는 1987년 7~9월 노동자 투쟁이 일어나긴 했지만 그것을 "변혁 운동"으로 보기 어렵다며 이런 결론으로 나아갔다. "현실적으로 러시아 혁명 같은 기동전적 전복은 그 대상이 국가이든 독점자본이든 혹은 이 둘 다이든 간에 거의 불가능한 상황에서 시민사회 내의 가장 큰 몫을 차지하는 민중의 고통은 어떻게 줄일 수 있을 것인가. 만일 이른바 시민운동이 이 같은 고통을 얼마간이라도 줄일 수 있다면 그것을 과연 개량주의적 선택이라고 평가절하할 수 있으며 그렇게 하는 것이 올곧고 현실적인가를 묻지 않을 수 없다."

자유주의적 시민사회론의 대표적 주창자로 알려진 김성국 교수는 마르크스주의 계급론을 비판하며 "계급투쟁" 대신에 "국가 대 시민사회라는 권력 관계"에 중요성을 부여했다.[2] 그러면, "오늘날 '시민사회의 갈등과 투쟁'은 …… 국가주의적 억압과 통제에 대항하여 보다 질적으로 고양된 시민사회를 구축하려는 과정으로 파악할 수 있다. …… 오늘날 사회주의이건 자본주의이건 대부분의 이데올로기는 민주주의를 공통의 이념적 가치로 받아들이고, 또 민주주의의 실현을 위해서는 개인의 자유롭고 평등한 사회적·정치적·경제적 삶이 보장되는 '다원적이고 개방된 시민 사회'가 제도적 선행조건으로 충족되어야 한다는 사실에 동의한다." 이제 사회주의를 위한 계급투쟁은 의미가 없고 다만 자본주의 안에서 민주주의를 확장하면 된다. 이처럼, 김성국 교수에게 민주주의는 자유(주의적) 민주주의와 같은 것이었다.

김성국 교수가 강조하는 것은 "국가로부터 시민사회의 분리"와 "분리된 시민사회의 독자성 추구"로, 여기서 가장 중요한 세력은 "도시 중산층"이다. 도시 중산층은 "각종의 중산층화된 생산직·사무직 노동자 및 전통적인 구중간계급들로 구성"된다. 그런데 "시민으로서의 노동자, 시민으로서의 화이트칼라는 계급으로서의 노동자, 계급으로서의 화이트칼라와 이념적으로 그리고 실천적으로 갈등과 대립 관계에 있다." 그리고 "오늘의 한국 사회에서 시민은 국가를 실질적으로 관리하는 특권층(혹은 지배계급)과 대립적 관계에 있을 뿐 아니라 자본주의 및 시민사회의 기반 자체를 부정하는 계급주의 세력과도 대립적 관계에 있다."

김성국 교수는 "계급운동의 시민운동에로의 수렴"이 "세계사적 운동 법칙"이라며 "시민권 투쟁을 비롯한 제도적 개혁 운동"과 "지역 운동"을 강조했다. 이런 시각은 계급운동과 대립각을 세우는 시민운동이라는 실천으로 연결됐는데, 김성국 교수는 경제정의실천시민연합(경실련)의 지도적 인사(부산 경실련 공동대표)였다(현재는 녹색도시부산21 추진협의회 공동회장이다).

1989년에 창립한 경실련은 "우리는 왜 경제정의실천시민연합을 발기하는가"라는 글에서 "국민적 공감대의 지원을 받으며 말 그대로 보통 시민이 주체가 되는 운동을 전개"하겠다고 선언했다. 경실련은 "기업인이든 중산층이든 할 것 없이" 운동의 구성원이 될 수 있다며 특정 계급·계층의 이해를 대변하지 않고 사회 전체의 이익이 되는 "공공선"을 대변하겠다고 강조했다. 이것은 뒤집어 말하면 특정 계급, 즉 노동계급의 이해관계를 대변하는 운동은 공공선이 아니라 계급 이기주의라는 뜻이기도 했다. 실제로, 경실련을 창립한 서경석 목사*는 "민주화 과정 이후의 민중운동은 노동자, 농민 혹은 지역 주민의 이해관계를 관철하는 이익집단으로 바뀌게 되고, 반면에 다른 한편에서는 사회적 공공선을 추구하는 시민운동이 등장하게 된다"[3]고 시민운동의 '우월성'을 설명했다.

경실련은 민중운동의 전투성과 선을 분명하게 그으면서, "관

---

* 서경석은 1989년부터 1995년까지 경실련 사무총장을 지냈고, 1995년 개혁신당 사무총장을 거쳐 1996년에 민주당 정책위 의장과 양천구갑 지구당 위원장을 지냈다. 1996년부터 2005년까지 우리민족서로돕기운동 공동대표를 지냈고, 뉴라이트 단체인 선진화국민회의 사무총장을 역임했다. 그는 2008년 광우병 촛불시위에 반대하는 1인 시위를 했는데 이때 "행동하는 보수 운동의 필요성"을 느꼈다며 선진화국민회의를 선진화시민행동으로 재편했다.

넘적이고 원칙론적인 주장을 배제"하고 "구체적이고 현실적인 대안 제시"를 강조했다. 이런 점 때문에 조희연 교수는 경실련이 대표하는 초기 시민운동의 출현을 "진보주의로부터 자유주의의 분립과 독자화"로 규정한다. 또, 그는 "보수 언론은 이러한 초기 시민운동의 비민중운동적, 반민중운동적 정체성을 부각시킴으로써 사회운동의 분화를 촉진하는 방향에서 기성 체제를 안정화시키고자 했다"고 지적한다.[4] 실제로, 민중운동이 탄압받는 동안 경실련은 언론의 스포트라이트를 받으며 성장했다. 경실련은 1997년에 지역조직이 40여 개에 이르렀고, 본부와 지역 조직을 합치면 상근자가 200여 명에 이를 만큼 규모가 컸다. 이런 급성장에도 불구하고 경실련의 노동자회와 대학생회만은 결코 성공을 거두지 못했는데, 이는 민중운동의 여전한 강력함을 반영하는 것이었다.

경실련의 주요 활동은 정부가 수용할 수 있을 만한 정책 대안을 내놓고 제도 개혁을 요구하는 것이었다. 예컨대 1993년 김영삼 정부가 들어서면서 제일 먼저 한 일이 부패 공직자 사정(司正)이었는데, 이런 분위기 속에서 경실련은 '부정부패추방운동본부'를 발족했다. 경실련의 핵심 요구였던 금융실명제가 김영삼 정부 초기에 수용되면서 경실련의 영향력은 더욱 커졌다. 경실련은 정권이 정치자금 마련 등을 위해 경제에 부당하게 개입하는 것이 부정부패와 정경유착 등을 가져오고 자유로운 시장경제의 발전을 가로막는 중요한 걸림돌이라고 보면서 금융실명제와 토지공개념 실시, 한국은행의 독립 등을 요구했다.

경실련이 주장한 "경제 정의"는 자본주의적 경제 정의였다. 경실련 조직국장과 정책국장을 지낸 바 있는 하승창 씨*는 경실련의 운동 취지를 이렇게 설명했다. "경실련이 생각한 평등과 정의는 민중운동에서 생각하는 평등과 정의와는 다른 것이었습니다. 분배의 평등이 아니었고 기회의 평등이었으며, 생산의 기여도에 비례한 차등 분배라는 개념은 자본가의 기여도 당연히 인정하는 것이었습니다. 그러므로 경실련의 운동 취지는 생산에 대한 기여도 없이 부를 취하는 불로 소득자를 만들어내는 잘못된 제도를 개혁하는 것을 통해 일한 만큼 대접받는 사회를 만들고자 하는 것이었습니다."[5] 경실련은 부정부패, 정경 유착, 불로 소득 등의 "경제 부정의[를] 척결"하고 경제에 대한 정권의 부당한 개입을 막는 것을 "민주주의"로 여겼다. 그들이 국가로부터 시민사회의 자율성을 강조할 때 그것은 시장의 자율성을 의미하기도 했던 것이다.

경실련의 활동은 자유주의적 시민사회론의 문제점을 잘 드러낸다. 자유주의적 시민사회론은 시민사회를 형식적으로 자유롭고 동등한 시민들의 공간으로 규정함으로써 사회 내 계급 대립을

---

* 하승창은 경실련 상근자를 그만둔 뒤 '함께하는 시민행동'을 창립해 사무처장을 지냈고, 지금은 시민사회단체연대회의 운영위원장을 맡고 있다.

은폐한다는 문제와 함께, 시민사회와 시장을 분명하게 구별하지 않고, 그리하여 민주주의와 시장 자본주의를 모호하게 등치하는 혼동을 조장한다는 문제가 있다.* 김성국 교수는 한국 자본주의 발전이 "시민사회에 대한 국가의 압도적 우위" 속에서 이뤄졌고 실제 성장도 했지만, "너무나 비대해진 국가는 이제는 한국 자본주의의 역동성에 부담이 되고 있을 뿐"이라고 주장한다. "국가에 의한 경제의 지배나 간섭"이 "장애"라는 이런 주장은 신자유주의 이데올로기와 완전히 닮은꼴이다.

경실련은 "보통 시민이 주체가 되는 운동"을 선언했지만, 실제로는 전문가 운동이었다. 경실련은 활동이 늘어날수록 회원 가운데 전문가가 늘었는데, 정책 대안 마련이라는 활동의 성격상 이것은 당연한 귀결이었다. 또, 경실련은 "철저하게 비정치적인 순수한 시민운동으로 끝까지 나아갈 것"이라고 선언했지만, 김영삼 정부와 밀착된 관계를 보였다. 경실련의 주요 임원이었던 이각범 교수와 박세일 교수 등이 청와대 수석비서관으로 입각한 것은 한 사례일 뿐이다. 김영삼 정부뿐 아니라 김대중·노무현 정부에서도 경실련은 주요 임원들이 주요 공직과 정당 활동에 가장 많이 참여한 시민단체였다.

---

* 이런 문제점은 동구권 민주화 운동 세력의 경우에 매우 분명하게 드러났는데, 미국은 이런 약점을 이용해 동구권 자유화 모델을 옛 소련 소속 국가와 중동 국가 등 전 세계에 개입하는 수단으로 이용하려 한다.

진보 진영의 시민사회론 수용

자유주의자들만이 시민사회론을 받아들인 것은 아니었다. 마르크스주의자를 자처했던 학자들도, 비록 자유주의 시민사회론에는 비판적이었을지라도 시민사회론 자체에 문을 닫고 싶지는 않았다. 이런 분위기는 경실련이 창립한 뒤 몇 년이 흐르고 김영삼 정부 출범을 앞둔 즈음(1992~1993년)에 고개를 들고 있었다.

논쟁은 김세균 교수의 글("시민사회론의 이데올로기적 함의 비판")을 둘러싸고 시작됐다.[6] 김세균 교수는 주로 한상진 · 김성국 등의 시민사회론을 비판했고, 그람시의 시민사회론이 점진적 개혁 노선이 활개칠 소지를 열어 놓았다고 주장했다. 이에 대해 강문구 교수[7]는 "부르주아 개혁론적 시민사회론"을 비판하기 위해 "시민사회론 일반"을 버려서는 안 된다고 주장했다. "시민사회론 일반에 대한 비판이란 별로 생산적이지도 않을 뿐만 아니라 변혁 이론의 심화를 위해서 필요한 풍부한 근거를 무차별적으로 재단해 버리는 오류를 범할 수도 있다. …… [시민사회론은] 개량적으로 전개할 수도 [있고], 유기적이고 총체적 변혁의 관점을 놓치지 않고서 발전시켜 갈 수도 있다." 그의 주장인즉 그람시의 시민사회론을 "변혁 운동 지반의 심화 · 확장"에 활용할 수 있고 또 활용해야 한다는 것이었다. 그러나 강문구 교수는 글의 마지막에서 "개혁 대 혁명이란 양분법은 좀 낡은 것 아닌가" 하는 질문을 던

짐으로써 자신이 그람시를 혁명적 관점에서 조명하는 것이 아님을 드러낸다. 김세균 교수가 그람시를 개혁주의로 가는 길을 열어 놓는다는 이유로 기각했다면* 강문구 교수는 비슷한 해석을 바탕으로 삼아 그람시를 수용했던 것이다.

시민사회론이 진보 학계에서 본격 논의된 배경은 첫째, 김영삼 정권의 등장이었다. 경실련류의 시민사회론이 노태우 정권 때 시작됐다면, 진보 학계의 시민사회 논의는 김영삼 정권의 등장과 맞물렸다. 진보 학계의 시민사회론자들은 김영삼 정권이 "시민사회의 자율성을 존중하고, 강제가 아니라 동의에 입각한 헤게모니적 문민 통치를 추진하고 있다"고 평가했다.[8] 둘째, 경실련은 주가가 오른 반면 "민중운동의 목소리 반영도"는 현저히 감소한 듯했다. 게다가 민중당 실험이 실패한 후 일부 노동운동

---

* 김세균 교수는 그람시의 시민사회를 비판하면서 알튀세의 '이데올로기적 국가 장치' 개념에 의존한다. "자본주의 사회의 '시민사회'란 사회구성원들을 형식적으로 자유롭고 평등한 시민적 권리를 지닌 법적 '주체'로서 '호명'함으로써 피지배 대중에 대한 부르주아지의 실질적 지배를 강화시키는 자본주의 사회의 이데올로기적 상부구조 영역"이라는 것이다. 그런데 이러한 알튀세의 이데올로기적 국가 장치 개념은 개인을 "행위를 유발할 수 있는 행위자가 아니라 지배적 생산관계의 '담지자' 또는 '조연자'로 이해"한다. "역사는 주체 없는 과정"이라고 본 알튀세의 사상은 마르크스의 "노동자계급의 자기해방"과 거리가 멀고, 그람시의 계급 주체성 이론과도 상반된다. 알튀세의 '이론적 실천'과 달리, 그람시는 지금 살아 투쟁하는 노동자들의 계급의식, 노동계급과 혁명 정

출신자들이 경실련으로 빨려 들어가고 있었다. 민주주의민족통일노동자동맹(삼민) 출신으로 1992년 경실련 정책실 간사가 된 하승창 씨는 경실련이 그토록 많은 일을 할 수 있었던 것은 "훈련된 운동가들을 대거 상근 활동가로 확보"했기 때문이라고 지적했다.[9]

이런 배경에서 일부 진보 학자들이 내린 결론은 민중운동도 이제 전과 같은 방식으로 해서는 안 되며 변해야 산다는 것이었다. "민중운동은 시민사회 내의 국민적 동의 형성 과정에 적극적으로 참여하여 대항 헤게모니를 구축하는 데 노력을 기울여야 한다. 이를 위해 한편으로는 민중운동에 대한 과거의 부정적 이미지에서 벗어나야 하며, 다른 한편으로는 대국민 동의 형성을 위한 이데올로기 전략과 시민사회에서의 헤게모니 전략이 마련되

당의 상호작용에 관심이 있었다. 그람시의 "헤게모니" 투쟁은 단지 이데올로기 투쟁만이 아니다. 김세균 교수는 이 글에서 포스트마르크스주의를 강하게 비판하는데, 몇 년 뒤에는 "마르크스주의 재구성"을 위해 미국 앰허스트학파의 포스트마르크스주의를 수용한다("오늘의 마르크스주의 ― 재구성을 위한 하나의 시도", 1997년). 즉, "비계급적 관계가 계급적 관계로 환원되지 않음을 인정"하면서도 "중심"을 유지하고자 한 것인데, 그 결과는 "중심성을 인정하는 비본질주의적-비환원주의적 총체성론"이라는 절충이었다. 이런 김세균 교수의 주장에 대해 윤건차는 "솔직히 말해 이 주장은 다름 아닌 '줄타기'라고 여겨진다"고 평가한 바 있다(≪현대 한국의 사상흐름≫, 당대, 210쪽).

어야 한다."¹⁰ 진보 학자들은 자유주의적 시민사회론과 선을 그
으려 했지만, "국민들이 동의할 수 있는 행동 방식", "합리적 비
판과 정책 대안 제시" 같은 실천적 결론은 경실련의 것과 별 차
이를 느낄 수 없다.

조희연 교수는 비슷한 문제의식에서 "진보적 시민운동"을 주
창했다.¹¹ 그는 전투적 민중운동은 시민사회의 자율적 공간 확장
에 결정적으로 기여해 놓고 막상 이 공간에 효과적으로 개입하지
못하고 있다고 주장했다. 그 결과, 온건한 시민운동이 부상하게
됐다. 이제 민중운동은 "다계급적 문제 영역과 소비·생활상의
문제 영역"에 효과적으로 개입해 진보적 정책 대안을 제시해야
한다. 민중의 삶은 생산 영역 외에도 소비자, 무주택자, 납세자,
환경 공해 피해자 등의 다양한 측면에서 규정되기 때문이다. 또,
"지방자치제를 둘러싼 새로운 문제 영역, 주민자치의 문제 영역"
에도 개입해야 한다. 요컨대 "계급적 대중운동의 형식만으로 담
아낼 수 없는 다양한 모순의 중층 영역"인 시민운동 영역에 "역
량을 분산 배치"해야 한다. 다른 한편, 조희연 교수는 경실련 등
이 민중운동과 대립각을 세우는 데 반대해 진보적 시민운동은
"체제변혁적 민중운동과 연대"해야 한다고 주장했다.

조희연 교수는 자신의 글을 직접 들고 사람들을 만나러 다녔
다고 한다. 그 성과로 학술단체협의회의 소장 학자, 민변의 인권
변호사, 학생운동 출신 활동가 들이 이에 호응하면서 "경실련과

대비되는 소위 좌실련"을 만들자는 흐름이 형성됐다. 이렇게 해서 만들어진 것이 바로 참여연대다. 참여연대의 창립에 핵심적으로 관여한 사람들의 면면을 보면, 우선 변호사로 박원순(사무처장 역임), 차병직, 조용환 등이 있고, 진보적 학자로 조희연(집행위원장과 정책위원장 역임), 김호기(협동처장 역임), 김동춘(정책위원장 역임), 유팔무 등이 있으며, 학생운동 출신 활동가로 김기식(사무처장 역임), 이대훈(협동사무처장 역임), 김민영(현 사무처장), 이태호(협동사무처장 역임) 등이 있다.

참여연대는 1994년 9월 창립하면서 이렇게 선언했다. "80년대까지는 민주주의를 쟁취하기 위한 행동은 최루탄 연기가 자욱한 길거리에서 벌어졌습니다. 그러나 이제는 상황이 다릅니다. 새로운 시대를 맞이하여 참된 민주주의를 건설하기 위한 행동은 문자 그대로 사회와 정치 무대의 한복판에서, 그리고 국민의 일상생활의 과정에서 일어나야 합니다"(창립선언문 중에서).

조희연 교수는 "진보적 시민운동"을 주창하면서 "변혁적 민중운동의 확장으로서 변혁적 시민운동"이라는 의의를 부여하기도 했다. 그러나 참여연대 출범의 기초가 된 이론으로 보나 그 구체적 실천으로 보나 참여연대의 창립자들은 경실련 왼쪽에 위치한 시민단체를 만드는 데는 성공했지만, 그것은 어디까지나 민중운동이 시민운동으로 이동한 것이었지 변혁 운동의 확장은 아니었다. 참여연대는 창립 몇 년 만에 경실련을 제치고 한국여

성단체연합, 환경운동연합 등과 함께 시민운동을 이끄는 주요
단체가 됐다.

시민사회론의 그람시 해석
— 마르크스주의의 자유주의적 수정

이런 논의 속에서 등장한 이른바 '진보적 시민운동'이 어떤 특
징을 띠고 있는지는 뒤에서 다루도록 하고, 여기서는 먼저 이들
이 기댄 시민사회론을 살펴보려 한다. 마르크스주의자를 자처했
던 학자들이 시민사회론을 도입하는 데 분명한 근거가 된 것은
그람시*였다.

그람시는 1937년 무솔리니 감옥에서 열악한 대우로 죽기까지
고전적 마르크스주의 전통을 고수한 혁명가였다. 그는 1919~1920
년 토리노 공장평의회 운동의 중심에 있었고, 1921년 개혁주의적
이탈리아 사회당과 결별하고 공산당을 창립했다. 그런 그의 사상

◆ 그람시Antonio Gramsci(1891~1937)는 이탈리아 사르디니아에서 태어나
토리노 대학교에서 공부했다. 1919~1920년 토리노 공장평의회 운동에
참가했고, 1921년 이탈리아 공산당 창립에 함께했다. 무솔리니 독재에
맞서 공산당을 이끌다가 1926년에 체포돼 20년형을 선고받았다. 감옥
에서 ≪옥중수고≫라는 지적 성과를 남겼다.

이 이탈리아 공산당에 의해 체계적으로 왜곡돼 혁명적 마르크스주의에서 개혁주의로 전향하는 사람들의 수호신처럼 된 것은 비극이 아닐 수 없다.

그람시는 "기존[마르크스주의]의 '토대-상부구조' 모델에 내장된 환원주의 경향을 극복하고 정치·문화적 삶의 다원성을 포착하기 위해 시민사회 개념을 재구성"[12]한 인물로 진보 학계에서 각광받았다. 동구권 붕괴 후 마르크스주의는 경제결정론으로 낙인찍혀 있었는데, 그람시는 마르크스를 '극복'(사실상 부정)하는 한 수단으로 조명된 것이다. 마르크스주의의 토대-상부구조 개념은 동구권의 붕괴를 규명하는 데도, 현대 사회를 이해하는 데도 한계가 있다는 것이었다. *

경제적 토대 분석에 대한 지나친 몰두와 상부구조에 대한 결정론적 설명 방식은 국가, 이데올로기 같은 상부구조의 성격을 지나치게 단순화시켜 이해하거나 상부구조적 현상에 대한 분석을 등

---

* 당시 알튀세에 대한 관심도 비슷한 맥락에서 일어났다. 알튀세는 이미 1970년대에 "마르크스주의의 이름으로 이룩된 역사를 마르크스주의적으로 설명하기란 거의 불가능하다"고 심각하게 고백한 바 있다. 그는 마르크스의 토대-상부구조 개념을 거부하고 정치-이데올로기적 상부구조의 상대적 자율성을 주장했다. 이것은 그에게 스탈린주의를 설명하는 수단을 제공했다. 그는 역사적 사건들은 단일한 경제적 원인에서 비롯하는 것이 아니라고 주장했다. 역사적 사건들은 "중층 결정"된다는 것이다.

한시하는 경향을 낳았던 것이다. 결국 이런 이론으로는 사회주의 권의 위기를 제대로 설명할 수 없었을 뿐만 아니라 한국 사회를 구체적으로 분석할 수 있는 이론 틀도 적절히 구성할 수 없었다. 그리하여 진보 진영의 이론적 위기에 대한 대응은 자연스럽게 상부구조에 대한 관심의 증대로 나아갈 수밖에 없었으며 이것은 곧 '이데올로기적 상부구조'나 '상부구조적 시민사회'에 대한 연구의 활성화로 나타났다.[13]

여기에서 한 가지 짚고 넘어가지 않을 수 없는 것은 마르크스주의가 과연 경제결정론인가 하는 점이다. 물론 1980년대 국내 좌파는 스탈린주의가 지배적이었고 이 경향이 마르크스주의를 환원론적·결정론적으로 이해한 것은 분명하다. 그러나 고전적 마르크스주의는 결코 사회생활 전체를 경제적 이해관계의 표현으로 단순하게 환원하지 않는다. 마르크스는 경제적 토대와 상부구조(정치와 이데올로기)의 관계에 대해 조심스럽게 조건을 달아 언급했다. 엥겔스는 마르크스가 죽은 뒤 블로흐에게 보낸 편지(1890년 9월 22일)에서 이렇게 썼다.

만약 이것[유물론적 역사 해석]을 경제적 요소가 유일한 규정적인 요소라고 말하는 사람이 있다면 그는 이 주장을 무의미하고, 추상적이고, 이치에 맞지 않는 문장으로 바꾸어 버리는 셈이 됩니다. 경제적 상황이 기초이지만, 그러나 상부구조의 다양한 요소들 ─ 계급투쟁의 정치적 형태와 그 결과, 즉 전쟁 승리 후에 승리한 계급이 만든 헌법, 법률 형태들, 그리고 심지어 이러한 모든 현실적 투쟁에서 참여자들의 머릿속에 반영된 것들, 즉 정치적·법적·철학적 이론들, 종교적 관점들과 그리고 그것들이 체계적인 교조로 발전하는 것 ─ 또한 역사적 투쟁의 과정에 영향력을 행사하며, 많은 경우에 그것의 형태를 압도적으로 규정합니다. 한없이 많은 모든 우연적 사건들 가운데서 경제적 운동이 최종적으로 자신을 필연적인 것으로 나타내는 것은, 이러한 모든 요소들의 상호작용 속에서입니다.

따라서 한 사회를 올바로 이해하려면 이데올로기적·정치적 요소들이 경제와 상호작용하는 방식을 포착해야 한다. 마르크스주의는 경제결정론이기는커녕 나폴레옹 3세의 보나파르티즘, 파시즘, 사회민주주의당의 집권 등등 "매우 다양한 사회의 성격을 설명할 수 있고, 동일한 생산관계를 가지고 있는 사회의 정치적·이데올로기적 상부구조의 변이들을 설명할 수 있는 역사 이론을 발전시켰다."[14]

그럼에도 당시에 그람시가 새삼 주목받은 것은 ─ 당시 그람시 해석의 스펙트럼은 다양했지만 어쨌든 핵심은 ─ "시민사회를 통한 헤게모니의 형성·작용이 지니는 전략적 중요성을 인식"하자는 이유에서였다. 조희연 교수는 그람시가 "마르크스의 토대-상부구조론의 문제틀을 확장하여 시민사회를 새로운 이데올로기적 투쟁의 장으로 설정하고 그것의 의미를 적극적으로 파악"[15]했다는 점에 주목한다고 했다.

물론 그람시가 발전시킨 시민사회 개념은 시민사회와 그 기관들이 현존하는 "헤게모니"에 기여해 자본주의 국가의 안정성을 강화한다는 점을 강조한다. 그러나 그의 시민사회 개념은 자본주의를 아래로부터의 혁명으로 전복하기 위해 전략 문제를 고민하는 문제의식의 연장선에 있었다. 반면, 시민사회론자들은 직접적 투쟁이 아니라 '합리적' 비판과 정책 대안 제시 같은 이데올로기 투쟁의 중요성을 정당화하는 데 그람시를 활용하고자 했다. 이것은 그람시의 정신을 이어받은 것이라기보다 대중투쟁과 거리를 두는 학자들에게 어울리는 방식으로 그람시를 곡해한 것이다.

김호기 교수는 그람시 시민사회론의 의의를 다음과 같이 요약한다. "그람시는 시민사회를 상부구조의 한 영역으로 이해[했다.] …… 그람시의 시민사회론이 갖는 의의는 부르주아 국가의 지배가 억압적 장치들만으로 이루어지는 것이 아니라 시민사회 내 다양한 농의의 기제들을 통해 이루어지고 있다는 점을 밝혔다는 데 있다. …… 그람시가 시민사회를 토대와 상부구조 사이에 위치하는 하나의 독자적인 영역으로 설정하는 것은 사회주의로의 이행에서 이 시민사회가 갖는 결정적인 중요성을 인식했기 때문이다. 시민사회가 허약한 러시아에서는 국가에 대한 직접적인 투쟁인 기동전이 중요한 반면에, 시민사회가 강력한 서구에서는 시민사회에서의 헤게모니를 획득하기 위한 진지전이 주요한 이행전략으로 설정된다."[16]

진보 학자들은 그람시가 러시아와 서구를 비교한 것에 1987년 이전의 한국과 이후의 한국(특히 김영삼 정부)을 대입했다. 그리하여 "'국가가 모든 것이고 시민사회는 원시적이고 아교질'에 불과했다는 러시아에 대한 그람시의 분석은 [1987년대 이전의] 한국에 그대로 적용될 수 있"[17]는 반면, 1987년 이후에는 서구에 대한 그람시의 분석이 적용되는 것처럼 봤다. '지배'보다는 '동의'의 요소가, '독재'보다는 '민주주의'의 요소가 우월한 위치를 점해가고 있다는 것이었다. 국가권력을 향한 직접적 공격("기동전")은 한국의 변화 상황에 걸맞지 않고, 이제 그람시가 헤게모니라고 부른 이데올로기적 지배를 위한 투쟁("진지전")이 중요해졌다. 시민사회를 장악하지 않고서는 국가의 물리력을 무력화시켜도 소용없다. 따라서 노동계급은 경제적 이해관계에 따라 투쟁하기보다 자신들의 이해관계를 희생하더라도 시민사회의 다른 부분을 설득하도록 노력해야 한다. 이런 맥락에서 시민운동도 중요하다. 유팔무 교수는 "우리가 시민운동을 그람시적 의미에서 이해한다면, 그 영역은 문화적·정신적 지배 관계를 좌우하

는 견고한 '진지'이기 때문에 매우 중요한 운동 영역이 아닐 수 없다"고 주장했다.[18]

그람시에 대한 곡해 바로잡기

그람시가 '시민사회'에 주목한 것은 시민사회가 국가에 대한 공격을 막는 강력한 방어벽 구실을 하고 있다고 봤기 때문이다. 그람시에 따르면, 국가와 대중 사이를 중재하는 제도적 네트워크 — 교회, 정치·문화 결사체, 부르주아 정당, 교사·변호사·신부와 같은 '유기적 지식인들'의 영향력 — 가 '시민사회'다. 이 네트워크 덕분에 자본주의 사회는 직접적인 경제적 요소들(경제 위기 등)의 재앙적 엄습에 저항할 수 있다. 이 네트워크가 국가에 대한 공격을 막아 주고, 심지어 국가 자체가 잠시 붕괴하더라도 자본주의가 살아남을 수 있게 해 주고, 부르주아지가 재조직하고 재기할 수 있게 해 주기 때문이다. 그래서 대부분의 시기에 혁명적 투쟁은 '진지전war of position'의 형태, 즉 시민사회 내에서 영향력(헤게모니)을 다투는 투쟁 형태로 나타나고, '기동전war of manoeuvre'은 '전술적' 중요성을 띠게 된다.

그러나 첫째, 흔한 왜곡과 달리 그람시는 헤게모니 투쟁을 단지 이데올로기 투쟁으로만 보지 않았다. 그람시는 경제적 조건의 악화가 자동으로 혁명적 의식을 낳는다는 생각에 반대했지만, 정치 생활에서 경제의 결정적 구실을 결코 부정하지 않았다. 그람시는 "대규모 이데올로기적 요인들은 항상 대규모 경제 현상에 뒤처진다"고 여겼다. 따라서 헤게모니 획득을 위해 혁명가들은 노동자들의 경제투쟁에 개입해야 한다.

둘째, 그람시는 피억압 계급의 지지를 얻기 위한 투쟁에서 노동계급이 자신의 이익을 위한 투쟁을 포기해야 한다고 보지 않았다. 그는 1920~1930년대 이탈리아의 개혁주의자들이 수탈당하는 남부 농민의 빈곤을 묵인함으로써 북부 노동자들에 대한 양보를 얻어 내려 한 것에 반대했다. 그가 말한 "헤게모니적" 방식은 노동계급이 자신의 처지를 개선하려고 싸우는 동시에, 농민에게 땅을 제공하고 지식인들에게는 더 가치 있는 사회의 전망을 제시하는 것이었다. 그람시는 ≪옥중수고≫에서 이렇게 썼다. "어떤 사회집단의 패권은 '지배'와 '지적·도덕적 지도력'이라는 두 가지 방식으로 현실화된다. 어떤 사회집단은 적대적 집단을 지배한다. 그 집단은 적대 집단을 '제거하거나' 심지어는 무력을 통해 정복하기도 한다. 반면 동류 집단과 동맹 집단은 지도한다. 어떤 사회집단은 통치력을 획득하기 전에 이미 지도력을 행사할 수 있고, 또 실제로 행사해야만 한다."

셋째, '진지전'의 중요성은 마르크스주의 전통에서 완전히 새로운 얘기는 아니었다. 그람시가 러시아와 서구를 대조한 것이 혼란을 초래하는 경향이 있는데, 러시아와 서구 양쪽에서 진지전과 기동전은 모두 중요했다. 러시아에서도 1905년과 1917년 '기동전'의 기반을 닦는 데서 '진지전'은 필수적이었다. 그람시를 제대로 이해하려면 그람시의 강조점이 형성된 당시의 역사적 맥락을 이해해야 한다. 그람시는 당시 스탈린주의자들이 초좌파적으로 가망 없는 무장봉기를 조직하려는 것에 반대해 혁명가들 몇천 명의 의지만으로는 봉기가 성공할 수 없고 노동계급 다수의 능동적 지지가 있어야 한다는 점을 강조하고자 했다. 1921년 코민테른에서 레닌과 트로츠키도 독일 공산당의 초좌파적 "공세론"에 반대해 노동계급의 다수를 공산주의 편으로 견인하려고 개혁주의 정당들과의 공동전선을 주장했다. ≪옥중수고≫에서 그람시는 분명히 '진지전'을 '공동전선의 공식'과 같은 것으로 봤다.

넷째, 그람시는 헤게모니 투쟁 자체로 국가권력 문제가 해결될 것이라고 주장하지 않았다. 그는 "진지전"이 유력한 시기에조차 "기동전"의 "전술적 기능"에 대해 얘기했고, 여전히 무장봉기를 "투쟁의 결정적 계기"로 여겼다.

파시스트 감옥에 갇혀 운동으로부터 고립되고, 검열을 의식해 이솝우화 같은 문체로 저술해야 했던 조건 등 때문에 그람시의 주장에서 다소 모호함 — 개혁주의적 해석을 허용할 만한 개념적 느슨함 — 이 발견되는 것은 사실이다. 그럼에도 그가 결코 개혁주의적 결론으로 나아가지 않았다는 점을 분명히 알아야 한다.

또, 그람시는 당시 이탈리아라는 구체적 맥락에서 제기되는 구체적 전략 문제를 다뤘는데, 당시 이탈리아는 전형적인 서구 사회와 많이 달랐다. 게다가 제2차세계대전이 끝난 후 서구 사회는 적잖은 변화 ― TV 등 대중매체의 출현과 매스컴의 통제, 대중의 원자화 등 ― 를 겪었다. 지배계급이 위기에 사용할 수 있는 "강력한 방어벽"(시민사회)은 그람시가 살던 때의 이탈리아보다 약해졌다. 이런 변화 때문에 1968년에 서구 사회에서도 시민사회가 중재하지 못하는 자생적 투쟁이 분출했고 자본주의 국가와 충돌하는 '기동전'이 벌어질 수 있었던 것이다.

따라서 그람시를 인용하며 이제 한국에서도 이데올로기의 헤게모니를 위한 투쟁이 중요해졌으므로 기동전이 아니라 진지전을 사회주의 이행 전략으로 택해야 한다는 주장은 그람시라는 위대한 혁명가를 제 논에 물 대기 식으로 이용해 마르크스주의적 외피를 적당히 두른 채 자유주의로 뒷걸음질치는 것을 정당화하는 주장일 뿐이다.

유팔무 교수는 당시에 자신이 "마르크스주의를 자유주의적으로 수정"하는 데 "그람시를 투입"했다고 술회한 바 있다.

1990년 무렵 소위 마르크스주의를 이 땅에 실현했다고 하는 소련, 동구 사회주의권이 연이어 무너졌다. 그리고 그 사건은 한국 사회의 운동권과 진보 진영에게 강한 충격으로 다가왔고, 칼 마르크스의 '혁명적 진보사상'으로 우리 한국사회를 보다 나은 세상으로 바꾸려고 노력해 왔던 수많은 청년활동가와 지식인들은 그야말로 혼비백산하여 '쿠오바디스'(=신이여 어디로 가시나이까)를 외쳤다. 이런 혼란을 틈타 자유주의 이론과 실천 운동, 즉 한편으로는 시민사회 이론과 민주주의 이론, 다른 한편으로는 새롭고 올바른 사회운동을 표방하는 시민운동이 출현하여 각광을 받기 시작하였다.

그러나 자유주의는 진보의 대안이 아니라는 것이 나의 생각이었다. 물론, 나는 양쪽 진영이 모두, 그러니까, 정통의 마르크스주의나 정통의 자유주의 모두가 옳지 않고 또 바람직하지 않다고 생각해 왔다. 그 대신, 바람직한 진보의 길은 마르크스주의를 자유주의적으로 수정한 '제3의 길'이라 생각해 왔다. 그래서 이 무렵부터 이론적으로뿐 아니라 실천적으로도 이 문제에 개입하기로 마음먹고, 그람시를 투입하여 자유주의에 '맞불'을 놓았다. 그람시의 시민사회 이론과 진지전 전략, 유로콤뮤니즘적 '제3의 길' 노선 등은 나의 생각과도 많이 일치하지만, 당시의 한국 상황에 딱 알맞은 대안, 이론적·실천적으로 다 적합한 대안이기도 하다고 보았기 때문이다.[19]

그런데 자유주의자들도 그람시를 자기들 족보에 중시조라도 되는 듯이 올려놓자, 일부 진보 학자들은 자유주의자들의 그람시 해석에 맞서 그람시 사상의 계급 중심성을 지적하기도 했다. 정태석 · 김호기 · 유팔무 교수는 "[그람시에 따르면] 자본주의 사회에서 국가와 경제구조는 변혁되어야 할 대상이 되며, 노동자계급은 근본 계급으로서 시민사회의 중심적 변혁 주체가 되는 것이다" 하고 주장했다.[20] 유팔무 교수는 다른 논문에서도 이렇게 썼다. "그람시를 계급환원론에 대한 비판에 원용하는 것은 사정이 이보다 복잡하다. 왜냐하면 계급이라는 것은 그람시 이론에서 항상 핵심적인 주체로 등장하거나 전제되어 있기 때문이다. 그가 착안하고 강조한 시민사회에서 헤게모니를 둘러싸고 벌어지는 투쟁의 주체는 항상 어떤 계급의 '지식인'이었으며, 그람시의 사고는 항상 계급적 사고였다."[21]

그러나 그람시의 "계급적 사고"는 그람시를 주목한 진보 학자들의 애초 용도에도 맞지 않았다. 그들은 그람시의 계급 중심성을 이어받기보다 변형을 택했다. 예컨대 정태석 교수는 "이런 현실의 변화[1990년대 현실의 변화]는 '계급 중심성'에 기반을 둔 그람시적 시민사회 개념으로는 포괄하기 어려운 문제들을 제기하고 있다" 면서, "포스트마르크스주의에서 강조하는 '다양한 적대들의 등가적 접합'이라는 문제를 진지하게 고려할 필요"가 있고, "비판이론적, 다원주의적 시민사회론"도 수용해야 한다고 주장한다.[22] 또, 유팔무 교수는 "그람시적 개념에 자유주의적 시민과 시민사회 개념을 결합"해, "그람시의 입장을 수용하면서도 그의 계급환원론적인 입장을 완화시키고, '시민' 개념은 '유기적 지식인'을 대신하여 자유주의적 의미의 '권리주체'로 수용하고자 한다."[23] 이제 진보 학자들의 그람시주의에는 혁명가 그람시의 그림자조차 남아 있지 않게 됐다고 말해도 지나치지 않을 것이다.

하버마스와 소통

진보 학자들은 그람시 외에도 1968년의 이상이 좌절된 이후 서구에서 부상했던 사회 이론들을 신속하게 들여왔다. 1990년대 초반에 정치적 실망을 경험하고 변혁 전망을 상실한 이들은 이런 사회 이론들 속에서 비슷한 문제의식을 발견했던 듯하다. 김정훈 교수는 이렇게 썼다. "시민사회의 독자성을 강조하는 사람들은 그람시 이론을 통해 경제결정론에서 탈출했고, 하버마스 이론을 통해 시민사회의 자율적 작동 원리를 파악했다. 그리고 신사회운동을 통해 계급적이지 않으면서도 진보적인 사회운동을 이론화했다."[24] 곡해된 그람시를 통해 마르크스주의의 '독'을 어느 정도 씻어 낸 지식인들은 위르겐 하버마스, 클라우스 오페, 알랭 투렌, 진 코언(코헨)과 앤드류 아라토, 존 킨과 데이비드 헬드, 울리히 벡, 앤서니 기든스, 에르네스토 라클라우, 샹탈 무프 등의 이론을 주목했다.

특히 세계적 사회학자인 하버마스*는 국내 시민사회 논의에 큰 영향을 미쳤다. 하버마스 사상의 핵심은 시민사회의 작동을 통해 현대 사회의 위기를 극복할 수 있다는 것이다. 하버마스는 '공론장public sphere'과 '생활세계life-world' 내 합리적 의사소통의 활성화를 희망으로 제시했다. 그가 비판적으로 계승한 비판이론가들 — 호르크하이머·아도르노 등 — 이 "도구적 이성"의 지배로 빚어진 상황을 비관했다면, 하버마스는 이성이 사회 문제를 해결해 나가도록 사람들을 서로 소통하게 하는 민주적 힘이기도 하다고 믿었다. 그는 서구 근대가 민주주의적 잠재력을 갖고 있다고 보며, 마르크스가 서구 민주주의의 성격을 계급적 이해관계로 환원하는 오류를 범했다고 본다.

하버마스의 사상을 이해하려면 앞에서 말한 몇 가지 개념을 간단하게나마 살펴볼 필요가 있다. 먼저, 앤서니 기든스가 하버마스의 사상을 쉽게 이해하도록 요약 정리한 글을 좀 길더라도 인용해 보려 한다.

◆ 하버마스Jürgen Habermas(1929~)는 독일의 철학자이자 사회학자로, 프랑크푸르트학파의 주요한 지적 후계자다. 뒤셀도르프에서 태어나 괴팅겐, 취리히, 본 대학교에서 공부했고, 1956년에 프랑크푸르트 사회조사연구소에 들어갔다. 호르크하이머가 하버마스의 교수자격논문 수정을 요구하자 프랑크푸르트 대학을 떠나 마르부르크 대학교 볼프강 아벤트로트 지도 아래 논문을 완성했다. 현재 프랑크푸르트 대학 철학 교수로 있다. 주요 저서로는 ≪의사소통행위이론≫, ≪공론장의 구조변동≫ 등이 있다.

독일의 사회학자 위르겐 하버마스는 마르크스 사상의 많은 부분이 쓸모없게 되었다고 여기고 베버를 대안적 사상의 원천으로 보았다. …… 자본주의에 대한 대안은 존재하지 않으며 또한 존재해서도 안 된다. 자본주의는 엄청난 부를 창출할 수 있음이 판명되었다. 그럼에도 불구하고 마르크스가 자본주의 경제에서 확인했던 근본적인 문제 — 경제 불황이나 위기를 만들어 내는 경향 — 는 여전히 존재한다. 우리가 통제하는 것보다 더 많이 우리를 통제해 온 경제 과정에 대해 우리의 통제를 재건할 필요가 있다.

하버마스는 그러한 통제력을 증대시키는 주요한 방식 중 하나로 그가 '공론장'[*]이라고 부르는 것의 부활을 제안한다. 공론장은 본질적으로 민주주의의 얼개이다. 하버마스는 의회와 정당을 포함하는 정통적인 민주주의 절차는 우리에게 집단적인 의사 결정을 위한 충분한 기반을 제공해 주지 못한다고 주장한다. 우리는 민주적 절차의 개혁과 공동체 행위자들과 여타 지역 집단의 더 많은 지속적인 참여를 통해 공론장을 새롭게 할 수 있다.[25]

하버마스는 17~18세기 서유럽의 부르주아 공론장을 고찰함으로써 서구 근대 이성에 도구적 이성의 측면뿐 아니라 의사소통이

---

* 원문에는 '공공 영역'으로 번역돼 있으나 용어의 통일을 위해 '공론장'으로 바꿨음을 밝혀 둔다.

라는 면모도 있음을 보여 주고자 했다. 부르주아 공론장은 국가적 사안들을 논의하는 부르주아 사회의 토론 공간으로, 사적 영역에 존재하며 국가 영역을 비판하는 기능을 했다. 개인들은 공론장을 통해 국가에 영향을 미치는 여론을 만들어 내는 "공중"으로 전환된다. 공론장을 통해 근대 민주주의 원리가 작동하는 것이다.

그런데 19세기 중반 이래 국가 개입이 증대하면서 부르주아 공론장은 붕괴 위기를 맞게 된다. 국가 개입의 증대는 국가와 시민사회의 경계를 허무는데, 이 추세는 20세기 들어 더욱 가속했다. 국가는 경제 영역뿐 아니라 교육·문화·주거·의료 등 사적 영역에까지 개입했다. "여기서 발생하는 문제는 경제와 사생활 영역이 관료제에 내재한 조직, 효율성, 목적 합리성의 논리에 지배되는 것이다. 이는 자율적인 개인과 그 개인들이 이룩한 성찰적 문화와 토론의 기초를 흔들 것이며 결과적으로 부르주아 사회의 문예적 공론장과 정치적 공론장의 해체 위기로 이어진다."[26] 제2차세계대전이 끝난 후 복지국가의 등장으로 "유럽은 1960년대 후반까지 풍요의 시대를 경험했지만 어떻게 보면 그 시기는 국가가 제공하는 물질적 풍요를 얻는 대가로 국가권력에 대한 비판적 통제를 가능하게 하는 공론장의 근거를 완전히 상실한 시대로 평가할 수 있다."[27]

국가 개입의 증대 과정은 "공론장의 탈정치화"뿐 아니라 정치적 정당성의 위기도 불렀다. 국가의 정책들은 시민의 정치적 의

사와 무관하게 결정되고, 국가는 매스미디어를 통해 시민을 의식·무의식적으로 통제하고 조정해(예컨대 시민의 관심을 정치적 영역으로부터 소비 지향으로 바꿔 놓는 식으로) 여론을 유도함으로써 정당성의 결핍을 만회하고자 한다. 이런 상황에서 근대 민주주의는 실질적 의미를 상실하게 된다.

그렇다면 이제 권력을 민주적으로 통제할 영역을 어떻게 복원할 것인가? 공론장의 부활은 가능한가? 서구 사회 내 민주주의 잠재력을 믿는 하버마스는 그것을 '생활세계'에서 발견한다. 하버마스는 사회적 영역을 크게 둘로 나누는데, 하나는 '체계system'이고 다른 하나는 '생활세계life-world'다. 체계는 행정과 경제를 담당하는 영역이고, 생활세계는 사회 구성원들의 사회화, 통합, 문화 전승을 담당하는 영역으로, 일상생활이 이뤄지는 곳이다. 하버마스는 체계를 도구적 합리성이 주도한다면, 생활세계는 의사소통적 합리성에 의해 조정된다며, 도구적 합리성을 막아 낼 일종의 방어 진지로서 생활세계의 의사소통적 합리성에 주목한다.

하버마스는 ≪의사소통 행위 이론≫(1981)에서 현대 서구 사회의 위기를 체계에 의한 "생활세계의 식민화" 결과라고 분석한다. 체계의 도구적 합리성 논리가 생활세계에 침투해 생활세계의 의사소통적 합리성 발달을 억압한다는 것이다. "생활세계의 식민화"는 생활세계의 공론 형성을 통한 비판적 잠재력을 약화시키고 민주주의를 훼손한다.

하버마스는 "생활세계의 식민화"를 막을 수 있는 힘이 생활세계 내부의 의사소통에서 형성될 수 있다고 주장한다. 그는 시민 사회의 활성화, 즉 시민들의 정치의식 각성과 다양한 사회운동 활성화를 대안으로 제시한다. 특히 환경운동·반핵운동·여성운동·평화운동 같은 '신사회운동'에 중요성을 부여한다. 노동운동 중심의 '구사회운동'은 체계 내의 이해관계를 추구하는 것인 반면, '신사회운동'은 "문화, 삶의 질, 환경, 연대, 평화 등 일상적 삶의 가치들을 지향"하기 때문이다.[28] 그는 또, "의회 안의 내부 공론장과 의회 밖 시민사회의 외부 공론장 사이에서 이루어지는 협력과 피드백을 적극 활성화"해야 한다고도 주장한다.

의사소통 행위 이론에 근거를 둔 하버마스의 사회 이론은 "강요되지 않는 동의를 이루고자 하는 지향"이라고 할 수 있다. 의사소통 행위 이론은 광범한 합리성 개념을 제공함으로써 이성에 대한 절망을 뛰어넘으려 한다. 도구적 합리성은 '성공 지향적인 행위'에 적합한 형태의 합리성일 뿐이며, 의사소통적 합리성은 이해에 도달하고자 하는 것이다. 의사소통적 합리성(에 의해 조정되는 생활세계) 덕분에 사회는 해방될 수 있다. 그러나 계급적 이해관계로 찢겨 있는 현대 사회에서 동의의 경향에 특권을 부여하는 하버마스의 방식이 과연 작동 가능한 것인지 의심스럽다. 특히 요즘처럼 사회와 정치가 양극화한 시대에 말이다.

코헨 · 아라토와 '영향의 정치'

진 코언(코헨)과 앤드류 아라토는 하버마스와 마찬가지로 국가가 생활세계를 식민화하고 있다고 우려하고, 복지제도가 시민사회의 자율성을 침해한다고 우려한다. 코헨과 아라토는 하버마스의 주장을 변형해 국가-경제(시장)-시민사회의 3영역 모델을 제시한다. 시민사회를 사회변혁을 위한 시민 행동의 정의로운 공간으로 개념화하면서, 시민사회와 시장을 분리한 것이다.

이들은 각 영역이 경계를 유지하면서 균형을 이루는 사회를 지향해야 한다고 강조한다. 코헨과 아라토의 이론도 한국의 진보적 시민단체들에 큰 영향을 미쳤다. 김호기 교수는 "시장 중심주의, 국가 중심주의를 벗어나 …… 국가-시장-시민사회가 건전하고 생산적인 견제와 균형을 유지할 수 있을 때 …… 민주주의 공고화"를 성취할 수 있다고 주장한다.[29]

이것은 시민사회가 다른 영역에 개의치 않는다는 것을 뜻하지 않는다. 정치적 · 경제적 민주주의가 보장되지 않는다면 체계가 끊임없이 시민사회를 위협할 것이기 때문이다. 따라서 사회운동은 두 가지 목표를 가져야 한다. 하나는 시민사회의 자율성을 증대시키는 것이고, 다른 하나는 국가가 법적 · 제도적 개혁을 하도록 영향력을 행사하는 것이다.

코헨과 아라토는 권력 정치의 장으로 직접 뛰어들지 않고 정책 결정에 영향을 미치고자 하는데, 이것이 바로 "영향의 정치"

다. 또는, 시민사회가 국가와 시장 영역의 자율성과 고유한 합리
성을 해치지 않는 범위에서 영향력을 행사한다는 뜻에서 '자기
제한적 급진주의'라고도 한다. 시민단체들이 핵심적 활동으로 삼
는 국가와 시장 '권력 감시 운동'이 바로 이에 해당한다.

신사회운동론과 그것의 한국적 적용

신사회운동은 1970년대 말 이후 서구에서 새롭게 등장한 환경·
평화·여성·대항문화·동성애·인종·반핵 운동 등을 가리킨다.
기존 운동과는 다르다는 뜻에서 '신'사회운동이라고 한다. 그러나
기존 운동이 이런 이슈에 관심이 없었다고 말할 수는 없다. 몇 가
지 예만 들어도, 1950년대 유럽에서 핵무기 반대 운동이 있었고,
1960년대 여성의 권리를 위한 투쟁들이 있었다. 이런 운동들은 영
국의 낙태권 운동처럼 노동계급 운동의 일부로 일어났다.

　따라서 신사회운동의 중요한 특징은 이슈 자체라기보다 주체
문제(따라서 그 이슈들을 다루는 방법을 포함한다)라고 할 수 있다.
신사회운동은 1970년대 말 이후, 노동계급 정치의 생명력이 의심
받던 시절에 계급투쟁('구'사회운동)의 대안으로 등장했다. 당시
노동운동은 1968년 반란의 최종 패배로 심각한 좌절을 겪었다.
그러자 "급진적 지식인들의 희망은 이른바 '새로운 사회운동'에

집중됐다.” 한국의 시민운동이 “신사회운동을 통해 계급적이지 않으면서도 진보적인 사회운동을 이론화”했다는 김정훈 교수의 지적은 신사회운동론의 핵심을 잘 요약한 것이 아닌가 한다.

왜 ‘구’사회운동으로는 안 되고 ‘신’사회운동이어야 하는지에 대해 각종 신사회운동론은 대동소이한 답변을 내놓는다. 그것은 자본주의를 특징짓는 구조들이 근본적으로 변했고, 이 과정에서 노동운동의 지위도 변했다는 것이다.

하버마스는 포스트모더니즘을 매우 비판하는 사회 이론가이지만,◆ “마르크스주의를 의미하는 ‘생산 패러다임의 진부성’을 공언”[30]하는 데는 열정적이다. 자본주의 발전의 완전히 새로운 국면이 출현했다는 포스트모더니즘의 주장 속에 마치 합리적 핵심이라도 있다는 듯이 공감하면서 말이다. 하버마스가 보기에 복지국가의 정치적 위기에 대응하는 새 패러다임이 필요한데, 신사회운동은 신新패러다임의 중심을 이루는 저항 형태다. 그것은 “정치적 의사결정에 직접 참여함으로써 대의민주주의의 한계를 대체 혹은 보완할 수 있는 참여민주주의 전략”이다. 여기서 ‘새로움’이란 “체계의 생산 및 재생산 영역에서 발생했던 계급투쟁 및 권력투쟁과 다르다”는 것이다. 새로운 운동들은 “그 갈등이 분배의

◆ 하버마스는 신사회운동을 ‘탈근대’ 운동으로 설명하는 견해에 반대한다. 신사회운동은 ‘부정적 근대화에 대한 근대적 비판’이라는 것이다.

문제에서 점화되는 것이 아니라 생활 형태의 문법에 대한 질문에서 점화된다"(오페에 따르면, 자아·건강·성·이웃·도시·환경·세대차·문화 등).

신사회운동을 뒷받침하는 또 다른 이론인 조절이론은 포드주의의 위기를 신사회운동의 배경으로 설명한다. 이에 따라 고전적 자본주의의 특징인 노동계급은 소멸하거나 약해지는 반면, '유연축적'에 따라 비정규직·여성·이주 노동자들이 중요해진다. 또, 포드주의적 (노자간) 타협으로 계급 갈등이 제도화돼 노동운동은 종언을 고하고, 사회 갈등과 저항의 거점은 경제적 생산 영역에서 사회·문화적 재생산 영역으로 이동한다고 한다.

다른 한편, 포스트마르크스주의 신사회운동론(라클라우와 무프)은 전후 확립된 헤게모니 구성체가 상품화·관료화·획일화를 초래해서 새로운 적대들이 나타났다고 본다. 이런 새로운 적대가 불러온 새로운 저항이 신사회운동이다.

하버마스의 신사회운동론과 조절이론의 신사회운동론은 신사회운동의 주체로 신중간계급을 강조한다. 신중간계급에는 고등교육을 받은 사무·전문직 노동자들이 핵심적으로 포함되는데, 이들은 교육 수준, 직업적 숙련, 지적 노동, 시간적·금전적 여유 등 덕분에 정치 활동이 쉽다. 오페는 여기에 주변적 집단(가정주부, 고등학생, 실업자, 미취업자 등)을 포함시킨다.

새로운 주체는 기존 노동운동에서 배제된 "삶의 정치life

politics"(기든스) 또는 "생활정치"의 다양한 이슈를 다룬다. 신사회 운동론자들은 이 이슈들이 특정 계급의 이해관계를 넘어선 초계급적 성격을 띤다고 한다. "생활정치"는 촛불 운동 속에서 매우 익숙한 용어가 됐다. 많은 사람들이 촛불 운동의 '비정치성'을 강조하려고 애써 이 말을 사용했다. 그러나 광우병 위험 쇠고기 문제는 국민 건강보다 이윤을 앞세우는 논리에서 비롯한 것이므로 체제와 긴밀히 연관된 문제였다.

신사회운동은 이슈의 초계급적 성격상 좌우 모두와 계급 연합 전략을 추구한다. 미국(인디애나폴리스)의 포르노 반대 여성운동은 기독교 우익, 경찰, 공화당 소속 시의원들과 손잡았다. 신사회운동이 노동운동 세력과 연합한 대표적 사례는 독일 녹색당과 사민당의 적록동맹이다.

하버마스의 신사회운동론과 조절이론의 신사회운동론이 그 주체로 신중간계급에 주목한다면, 라클라우와 무프(포스트마르크스주의)는 주체의 다원화를 강조한다. 그러나 노동계급을 핵심적 행위 주체로 보지 않는다는 점에서 둘은 핵심적 공통점이 있다. 라클라우와 무프는 마르크스주의가 계급투쟁과 노동계급을 특권화하는 환원주의 오류를 범했다고 주장한다. 노동계급은 사회변혁의 여러 주체 가운데 단지 하나일 뿐이며 실제로는 다른 주체들보다 의식이 덜 혁명적이기 십상이라는 것이다. 그래서 오히려 신사회운동의 출현으로 급진주의가 나래를 펼 것으로 기대한다.

여성·생태·문화 등의 관점으로 노동운동의 보수성을 비난하는 경우는 우리 주변에도 흔하다.

이런 생각은 착취에 바탕을 두는 생산관계가 사회의 중심적인 적대를 결정하는 게 아니라고 보는 데서 비롯한다. 이런 견해에 따르면, 사회에 "수많은 적대들이 종횡으로 교차"하고 있으므로 투쟁 영역들도 "자율화"돼야 한다. 억압의 주된 원천이 어디에 있는지도 알 수 없다. "고전적 사회주의 개념은 생산수단의 사적 소유가 사라지면 하나의 역사 시기 전체에 걸쳐 모든 형태의 종속을 소멸시키는 연쇄적인 결과가 일어날 거라고 가정한다. 오늘날 우리는 그렇지 않다는 것을 알고 있다. 예컨대 성차별 반대와 자본주의 반대 사이에 필연적인 연관은 없으며, 둘 간의 통일은 헤게모니적 접합의 결과로서만 가능하다. 따라서 이런 접합을 이뤄내는 일은 개별적 투쟁들에 기초할 때만 가능하다. …… 이를 위해서는 투쟁 영역들의 자율화가 필요하다."

라클라우와 무프는 자본-노동 관계가 사회 변화의 핵심이라는 점을 비롯해 총체성, 부르주아 국가 분쇄, 민주적 중앙집권제, 혁명적 정당 같은 고전적 마르크스주의의 핵심 요소들을 부정한다. 그들은 계급투쟁에 기초한 사회주의의 가능성을 부정하고 "급진민주주의"를 대안으로 내놓는다. 그리하여 사회주의는 계급 해방이 아니라 민주주의의 확장으로 여겨진다. 이 과정에서 "연대" 개념이 중요한데, 그 연대는 중심이 없는 연대다. 즉, 노동계급이 중심이 아닌 한편, 서로 다른 투쟁들의 가치가 동등하다고 보는 것이다.

다양한 신사회운동론들을 종합해 보면, 단지 이슈뿐 아니라 목표, 조직, 활동 수단 등에서 노동운동과 차이를 드러내고 바로 여기서 의의를 찾는다고 할 수 있다. 김호기 교수는 이 점을 다음과 같이 요약했다. "전통적인 노동운동이 정치적 통합과 경제적 권리를 주요 목표로 설정하고 형식적·위계적 조직을 통해 정치적 동원을 주요 행동수단으로 활용했다면, 신사회운동은 가치·생활양식 변화 및 시민사회 방어를 주요 목표로 설정하고 네트워크와 풀뿌리 조직을 통해 직접행동과 문화혁신을 주요 행동수단으로 활용하고 있다."[31]

한국 신사회운동의 등장과 여전히 강력한 '구'사회운동

신사회운동론이 과연 한국 시민운동에 적용되고 있는지는 논란이 많다. 예를 들어, 정태석 교수는 "경실련을 비롯한 많은 시민운동 단체가 현대성 또는 풍요한 사회의 중심 이념인 성장주의와 물질주의에 적극적으로 도전하고 있다고 보기 어려울 뿐만 아니라 오히려 복지나 재분배와 같은 현대성의 목표들을 적극 추진해 왔다고 보는 게 좀 더 적절한 평가"일지 모른다고 한다.[32] 경실련뿐 아니라 참여연대 등 '종합적 시민단체'로 분류되는 단체들에 어느 정도 해당하는 얘기일 것이다.

그러나 앞서 설명한 하버마스의 '참여민주주의 전략'을 떠올려 보면, 종합적 시민단체도 신사회운동론의 문제의식에 맞닿아 있음을 부정하기 어렵다. 신사회운동론은 근대성에 대한 탈근대적 비판에만 근거를 둔 것은 아니다. 하버마스의 신사회운동론이 "부정적 근대화에 대한 근대적 비판"이듯이 말이다(의사소통적 합리성에 의한 도구적 합리성 극복이라고도 할 수 있을 것이다). 한국에서는 자유주의와 탈근대적 문제의식을 절충한 듯한 주장이 드물지 않다. "근대와 탈근대의 과제를 동시에 안고 가야 한다"는 흔한 표현에서 볼 수 있듯이 말이다.

또, 노동운동 중심의 '구사회운동'과 차별성 속에서 성립된 운동이라는 점에서도 한국 시민운동은 신사회운동적 성격이 있다. 신사회운동에 대한 러셀 달턴의 정의는 이런 점을 돌아보는 데 도움이 될 것 같다. "새로운 사회운동은 제도정치 밖의 비계급적·탈계급적 사회운동으로, 참여민주주의를 그 기획의 핵심으로 삼고 있다. 따라서 새로운 사회운동은 체계에 대한 혁명적 변혁이 아니라 민주주의 변화와 수정을 요청한다는 점에서 민주주의의 내부 문제에 뿌리를 둔 제도 정치에 대한 도전으로 평가된다."[33]

신사회운동론은 여성·환경·소비자 운동 등 특정 이슈에 주목하는 시민단체에는 더 잘 들어맞는다. 가치와 생활양식의 변화, 네트워크와 풀뿌리 조직, 노동운동의 중심성을 부정하는 다양한 운동들의 연대 등은 이런 시민단체들의 활동에서 선명히 드러난다. 1990년대 이후 운동 세대들은 여성·환경 부문에서 이런 운동 방식을 상식처럼 생각하겠지만, 여성운동과 환경운동이 처음 등장했을 때부터 신사회운동적 성격을 띤 것은 아니었다. 신사회운동론을 둘러싼 논의가 일어나기 전까지 이 운동들은 스스로 '구사회운동'의 일원이라고 생각했다.

여성·환경 운동 등은 경제 성장과 대학 교육의 확대, 여성의 사회적 진출 확대 같은 사회적 변화와 민주화 운동으로 열린 공간이 맞물려 등장했다. 1987년 1월에 창립한 한국여성단체연합은 "여성을 억압하는 사회적 모순을 외세에 의한 분단, 군사독재정권에 의한 기본적 자유의 억압, 민중 억압적 경제정책으로 인식"했고, 1989년에는 전민련(전국민족민주운동연합)에 가입했다. 환경운동연합의 전신인 공해추방운동연합(1988년 창립) 역시 환경문제의 원인으로 "독점재벌, 군사독재, 미국"을 꼽았고, "민족민주운동의 전체적 과제에 충실히 복무"하는 것을 활동의 기본 방향으로 삼고 있었다.

그러다가 공해추방운동연합은 1993년에 환경운동연합으로 재편하면서 "기업과 정부, 그리고 시민 개인들의 무절제한 소비생활"을 환경문제의 원인으로 지목하고 생활양식의 변화 등을 촉구하는 운동으로 나아갔다. 최열을 비롯한 환경운동가들이 1992년 브라질 리우에서 열린 유엔환경개발회의에 참석한 것이 '시민형 환경운동’으로 전환한 결정적 계기로 평가된다.

한국여성단체연합도 1991~1992년 즈음에 입장을 재검토하자는 내부의 문제제기와 논쟁을 겪었다. 동구권 붕괴 후 사회주의가 여성해방을 이룰 수 없다는 생각이 확산됐고, 이것은 계급 정치와의 이론적 단절, 구사회운동가들에 대한 적대감을 낳았다. “진보적 남성 지식인의 비진보적 여성관”(이 말은 1991년 권인숙이 발표한 논문 제목이기도 하다)이 문제로 대두되기도 했다. 이제 여성운동 내에서는 “개인적인 것이 정치적인 것이다The personal is political”라는 구호에 바탕을 둔 활동, 즉 개인의 삶을 바꾸기 위한 활동이 부각되게 된다.

1980년대 서구의 급진적 지식인들이 노동운동의 패배 또는 퇴조라는 좌절 속에서 신사회운동에 희망을 걸었듯이, 한국의 신사회운동도 1990년대 초에 이와 같은 경험 속에서 급부상했다. 알렉스 캘리니코스는 “[한국에서는] 1987년에 이르러서야 서구의 1960년대가 시작”됐고, “한국의 급진적 지식인들은 서구 지식인들이 이전[특히 1968년의 좌절 이후]에 이따금씩 겪었던 종류의 정치적 실망을 1990년대 초반에야 경험하게 된다”고 지적한다.[34]

그 뒤 한국의 상황은 다소 모순적으로 전개됐다. 동구권 붕괴에 따른 계급 이데올로기의 퇴조가 운동 전체에 깊은 영향을 끼치는 한편, 1987년 투쟁으로 탄생한 한국의 신생 노동운동은 엄청난 국가 탄압 속에서도 1990년대 초반 잠시 동안의 침체 이후 성장을 지속하게 된다. 1994년 지하철과 현대 계열사의 인상적인 파업 투쟁이 있었고, 1995년 민주노총이 창립됐으며, 1997년 노동자 총파업을 거쳐 2000년 민주노동당이 창립됐다. 1994년 9월에 '노동운동과의 연대' 필요성을 내세운 '진보적 시민운동'이 등장한 것도 이런 상황을 반영하는 것이었다. 당시 진보적 시민운동론을 주창한 조희연 교수는 '민중운동의 시대가 가고 시민운동의 시대가 왔다'는 경실련의 말이 더는 들어맞지 않게 됐다고 말했다.

이처럼 한국 시민단체들은 노동운동이 여전히 강력한 조건 속에서 노동운동과 공존해 왔다고 말할 수 있다. 그래서 한국의 NGO는 사회민주주의 정당이 존재하지 않는 미국과도 다르고, NGO에 비해 사회민주주의 정당들의 힘이 강력한 유럽과도 다른 조건 속에 있다. 이것은 시민단체의 성장에 어느 정도 제약을 주는 조건이자 한국 시민운동의 성격에 영향을 미치는 조건이었던 듯하다.

제4장

한국 NGO의 실천과 그 문제들(1)

시민을 대변하는 제도 개혁 로비

우리 나라 NGO 가운데는 대변형advocacy 단체가 많은 편이다. 대변형이란 정부 정책에 찬반 등의 의견을 적극 개진하는 시민운동의 경향을 뜻한다. "단순히 정부의 기능을 보완하는 사회복지 전달 단체 등과 달리 대부분의 대변형 단체들은 정부에 대한 비판적 기능을 주요 역할로 삼고 있다."[1] 간단히 말하면, 시민을 대변해 중앙 권력을 감시·견제하고, 제도 개혁을 촉구하는 데 초점을 맞추는 운동이라고 할 수 있다.

이런 단체들은 민주화가 시작됐다고는 하지만 여전히 한심한 수준인 법과 제도를 개혁해 "실질적 민주화"를 실현하는 데 관심을 기울여 왔다. 이 단체들은 각자 활동하는 영역에서 분야별 개혁, 피해자나 소수자 권리 보호 등에 나서면서 흔히 최종 목표를 법률과 제도의 개폐와 제정에 둔다. 그래서 시민을 대변해 입법·사법·행정 과정에 개입하는 활동을 한다. 입법청원을 비롯해 의정감시, 사법감시, 공익소송, 정보공개 청구 등이 대표적인 대변형 활동이고, 이런 활동을 주로 하는 대표적 단체로 경실련과 참여연대를 들 수 있다.

특히 참여연대는 시민단체 중 입법청원과 소송(고소·고발·헌법소원 등)을 주도해 온 단체로, 출범 이후 10년 동안 입법청원 76건, 소송 216건을 냈다.(용산참사 조사단이 업무상과실치상죄 등을 적용해 서울지방경찰청장 김석기 등을 형사고발한 것이나, 안진걸 광우병국민대책회의 조직팀장이 야간 옥외집회 조항에 대해 위헌법률심판을 신청한 것에서 보듯이 최근에는 소송 같은 법률적 대응을 흔히 볼 수 있다.) 입법청원은 "참여연대 운동의 가장 종합적 형식"으로 소송이나 언론 활용, 시민 참여 등도 흔히 법 제정을 위한 운동의 일환으로 배치된다.[2]

참여연대의 입법청원안(76건)이 의원입법안 또는 정부발의안에 반영된 경우는 20건인데, 이 가운데 국민기초생활보장법 등 3건은 청원안 내용이 대부분 반영됐고, 부패방지법 등 17건은 부분 반영됐다. 흔히 참여연대를 '스타 단체'로 부상시킨 것으로 평가되는 소액주주운동도 권력 감시의 일종인 기업(특히 재벌) 감시 운동이다. 또, 한국 시민운동 사상 최대 성과를 이룬 것으로 기록되는 2000년 총선시민연대 운동은 권력 감시 운동인 동시에, "정당의 재량인 공천 과정에 시민사회가 개입"한 것이라는 점에서 대변형 운동이었다.

대변형 활동에 나서는 시민단체가 경실련이나 참여연대 같은 '종합적 시민단체'만은 아니다. 여성단체나 환경단체, 소비자단체, 인권단체 등 특정 이슈를 다루는 시민단체들도 독자적으로 또는 다른 시민단체들과 연대해서 이런 활동을 한다. 예컨대 부패방지법 제정을 위한 '부패방지입법시민연대'에는 참여연대와 경실련 외에도 환경운동연합, 녹색연합, 한국여성단체연합, 한국여성민우회, 장애우권익문제연구소, 인간교육실현학부모연대 등 38개 시민단체가 참여했다. 상가임대차보호법 입법을 청원한 '상가임대차보호공동운동본부'에는 참여연대, 민주노동당, 녹색소비자연대, 소비자문제를연구하는시민의모임, 함께하는시민행동 등이 참여했다. 총선시민연대에는 473개 시민단체가 참여했다.

특히 여성단체들의 대변형 활동이 두드러진다. 한국여성단체연합을 중심으로 한 여성운동은 제도 개혁 운동에 초점을 둬 왔다.(영 페미니스트 그룹은 이와 다르다.) 오장미경 교수는 이렇게 평가한다. "여성운동은 활동의 중심을 정책참여 활동에 두고, 성인지적·성평등적 국가기구와 법, 정책을 수립하는 노력을 적극적으로 하였고, 이 과정에서 여성들의 요구와 이해사항을 반영해 왔다. 또한 여성 친화적 국가기구의 수립을 요구하였고, 가족법·남녀고용평등법·영유아보육법 등 법률의 제정과 개정 과정에 적극 개입했으며 정부의 정책 방향과 내용을 비판했다."[3]
1990년부터 법 제정 운동은 매년 한국여성단체연합의 중점 사업
으로 설정돼 적잖은 법 제정을 이뤘고, 이 밖에도 호주제를 폐지
하고 여성할당제 등을 제도화했다.

우리 나라 NGO에 왜 이런 성격이 두드러지게 됐는지에 대해
조희연 교수는 제도 정치가 경제와 사회의 현실 변화를 제대로
반영하지 못했기 때문이라고 설명한다. 그래서 그 역할을 대신
하는 대변형 시민운동이 급부상했다는 것이다. 이를 두고 조희
연 교수는 "대의의 대행"이라고 부른다.[4] 즉, 시민단체는 기존
정당을 대신해 정치적 의제를 제기하고 이를 입법 청원해 사회
개혁을 모색하는 "준準정당" 구실을 담당해 왔다. 박원순 변호사
도 시민단체가 "정당과 싱크탱크가 담당하여야 할 정부 견제, 입
법 기능을 대부분 담당하는 기현상이 일어났다"[5]고 지적한다. 참
여연대 등의 진보적 시민단체들이 "민주주의 이행과 공고화"를
위한 정치개혁을 주된 과제로 삼았다는 점에서 일리 있는 설명
이다.

한편, 좀 더 일반적으로 말해 권력 감시 활동은 국가의 통치
방식이나 정부의 성격·크기에 관계 없이, 국가는 권력의 속성상
인권을 유린하거나 부패하는 경향을 띠게 된다는 가정에 근거를
두기도 한다. "따라서 국가권력을 사회적으로 통제할 필요가 있
기 때문에 부정부패 감시, 인권 옹호, 권력분립, 정치개혁 등 국

가권력을 견제하기 위하여 각종 NGO가 발생"한다는 것이다. 기업에 대해서도 비슷한 원리가 적용된다. "자본주의 하에서 자본은 이윤추구를 지향하고 이윤 극대화의 원리에 따라 움직"이므로 기업은 "공동체적 규범이나 가치에 대해서는 무관심"하고 "불평등, 비도덕, 환경파괴와 같은 사회적 문제를 낳"는다. 따라서 "경제정의, 기업 감시, 소비자보호" 등과 같은 구실을 하는 NGO가 발생한다는 것이다.[6]

체제의 룰을 지키도록 감시하기

NGO의 이런 구실은 정부와 기업에 불만이 많은 진지한 청년들의 관심을 끌 만하다. 특히 정부의 부패·부도덕·위선·불의 등을 민감하게 포착하고 대응한다는 점에서 NGO들은 정치 쟁점에 둔감한 노동자주의 전통의 운동보다 흔히 강점을 발휘한다. 근본적 변혁 운동가들은 정부와 기업의 악행에 대해서 마땅히 이들과 공분을 공유하며, 따라서 함께 저항할 수 있다. 강대국의 침략 전쟁, 제3세계 혹사공장이나 외채 문제, 기업 이윤을 위해 국민의 건강을 희생시키려는 광우병 위험 쇠고기 수입, 정부의 심각한 부정부패와 비민주성, 인권 탄압, 기후 변화를 비롯한 심각한 환경 파괴 같은 문제를 둘러싼 국내적·국제적 저항이 이런 양상을 보여 줬다.

물론 NGO와 근본적 변혁 단체는 이런 문제를 다루는 방식이 다르다. 근본적 변혁 단체는 이런 악행이 체제의 본질에서 비롯한다고 보는 반면 NGO들은 대개 이런 악행이 체제의 룰을 지키지 않는 데서 비롯한다고 보며, 이 차이는 운동 방식, 전략, 대안 등에 영향을 미친다.

NGO의 권력 감시와 견제는, 박원순 변호사의 표현을 빌리면, 자본주의 "게임 룰"이 정착하도록 만드는 것이다. 한국의 맥락에서는 "미국과 유럽 등 선진 사회"와 비교되는 후진성을 극복하려는 것과도 관련된다(1990년대식 표현을 쓰자면 한국 자본주의의 "천민성" 문제). 시민운동이 체제 자체가 아니라 "좀 더 구체적 영역에 대한 개혁 대안을 제시"하고 "특정 제도 개혁에 관심"을 갖는 것도 "게임 룰" 정착을 위해서다. 요컨대 권력감시와 제도 개혁에 주력하는 NGO 운동은 "민주주의 체제와 자본주의 체제를 인정하면서 왜곡된 민주주의와 자본주의를 바로잡아 권력과 부의 정당한 사용을 추구하는" 운동이라고 할 수 있다.[7] 원래 김호기 교수가 참여연대 운동을 정의한 이 말은 다른 대변형 단체들에도 대체로 들어맞는다.

대변형 단체들은 "대의의 대행" 또는 "준準정당"으로 불릴 만큼 정치적 성격이 강하다. 경실련이나 참여연대는 아예 신임 정부가 추진해야 할 사회 전반의 개혁 프로그램을 (특정 분야를 넘어 전체 꾸러미로) 제시하기도 한다. 경실련은 1993년에 17개 분야, 78개 과제의 개혁 방안을 내놓고 정부 기관에서 채택할 것을 촉구했고, 참여연대는 1998년에 "신정부 초기 5대 개혁과제"라는 연속 정책토론회를 개최해 김대중 정부가 수용하도록 촉구한 바 있다.[*] 이런 단체들이 특정 분야를 넘어 사회 전반의 개혁 프로그램을 가지고 있다는 것은 마음만 먹는다면 이를 강령과 정책으로 재구성하고 정당 현판을 내걸 잠재력이 있다는 의미다. 형태보다 내용을 더 주목하면 이런 단체들은 사실상 정치단체다. 참여연대를 포함한 진보적 NGO 진영은 한국 정치 지형상 우파 개혁주의라고 규정할 수 있다. 민주당 개혁파보다 왼쪽에 있고 민주노동당보다 오른쪽에 있다.

물론 이처럼 정치성 짙은 활동을 하면서도 정당 형태를 취하지 않는 것이 대변형 시민운동의 특징 가운데 하나다. 즉, 자신을 정치 영역이 아니라 '시민사회' 속에 위치시킨다. 그래서 스스로 '정치운동'이 아니라 '사회운동'이라고 한사코 강조한다. 정부나 국회, 정당 등 기존 정치체제나 대의민주주의를 대체하려 하지 않고 그것이 제대로 작동하도록 압력을 가하는 데서 자신의 의의를 찾는다는 것이다. 이와 같이 여론을 형성해 외부(시민사회)에서 정치개혁을 압박하는 운동은 아라토와 코헨이 말한 "영향의

---

[*] 경실련은 이 개혁 과제들을 ≪우리 사회 이렇게 바꾸자≫(비봉출판사)로, 참여연대는 ≪국가개혁 어떻게 할 것인가≫(한겨레신문)로 묶어냈다.

정치"라고 할 수 있다.

박원순 변호사가 공감하며 인용한 존 가드너*는 이런 운동의 행동 양식을 잘 표현한다. "우리는 정당 제도를 존중한다. 우리는 정당들이 활기를 찾는 것을 보기 위해 정치 과정에 충분히 관심을 두고 있다. 우리는 정당의 지도자들이 그들의 대중에게 보다 더 책임을 느끼기를 바란다. 그러므로 그들이 책임 있는 반응을 보일 때까지 그들을 골치아프게 할 것이다. 우리는 대의체제를 존중한다. 우리는 그 제도가 제대로 작동되기를 원한다. 또한 국민투표제 대신 '코먼 코즈'를 대치시키려 의도하지 않는다. 오히려 국민의 대표가 그들의 고유한 사명을 좇아 행동하기를 기원할 뿐이다. 그래서 그들이 그렇게 행동할 때까지 그들 뒤에서 지켜볼 것이다."

감시와 협력이라는 두 마리 토끼
— NGO는 국가로부터 독립적인가?

이와 같은 방식의 운동, 즉 정부에 압력을 넣어 개혁을 이루려는 것은 NGO가 시민사회론과 신사회운동론의 영향을 받아 국가

---

* 미국의 의회 감시 단체인 코먼코즈의 창립자다.

권력을 둘러싼 투쟁과 권력 장악이 목표인 정당을 거부하는 것과 관련 있다. 그런데 운동과 정당을 분리하고 정당 건설을 거부하는 정책 때문에 NGO는 결국 자신의 개혁 프로그램을 관철하기 위해 기성 정당들에 의존하게 된다는 심각한 문제가 있다.

쉽게 말해, NGO가 개혁 입법을 원한다면 기성 정치인을 만나 설득하고 로비해야 한다. NGO의 정책 대안을 수용해 줄 세력이 필요하기 때문이다. 김호기 교수가 지적하듯이, "시민단체는 추구하는 목표가 정치·경제 및 사회 개혁에 있는 한 의회와 밀접한 관계를 맺는다. …… 청원 활동은 법률의 제정·개정·폐지를 요구한다는 점에서 자연스럽게 정당 및 의회와 직접 만나게 되기 때문이다."[8] 이런 접촉이 거듭될수록 자연스럽게 NGO는 상대적으로 '코드'가 맞는 기성 정당, 정치인들과 지속적인 협력을 추구하게 된다.

그래서 진보적 시민단체들은 구좌파와 달리 비정치적 사회운동을 표방하면서도 얼핏 보면 이율배반적이게도 민주당과 오랫동안 이런 관계를 맺어 왔다. 민주당 집권 시절에도 말이다. 2004년부터는 민주노동당과도 협력해 왔지만 민주노동당은 법안 통과는커녕 법안을 상정할 수 있는 의석수도 안 되므로 NGO에게는 여전히 민주당과의 협력이 중요할 것이다.

서유럽에서 신사회운동 단체들도 자신의 정책 대안을 관철하기 위해 사회민주주의 정당에 기댔다. 그들은 흔히 전통적 형태의 정치와 완전히 결별했다고 주장하지만 개혁주의 정당에는 훨씬 덜 위협적이었고 그들과 공존할 수 있음을 보여 줬다[9](바로 이런 이유로 운동 내의 '정당 반대' 구호는 결국 기성 정당에만 이로운 결과를 낳는다).

진보적 시민단체들은 민주당과의 협력적 관계에 대한 비판을 의식해서 자신들은 "세력 차원의 당파적 연대"가 아니라 "정책 차원의 유연한 연대"를 추구한다고 주장했지만, 민주당 집권 10년 동안 정부와 맺은 모호한 관계 때문에 좌우 양쪽에서 비판을 받았다.

김대중 정부와 노무현 정부는 NGO를 적극 활용했다. 김대중은 NGO가 아주 좋아하는 용어인 "참여민주주의"를 내세웠고, 노무현은 이를 이어받았을 뿐 아니라 "진정한 의미의 권력은 시민사회에서 나온다"고도 했다. 김대중 정부 들어 정부 관료와 정치인들이 시민단체 활동가들과 면담하고 의견을 수렴하는 기회가 많아졌고, 심지어 대통령도 이런 기회를 자주 활용했다. 또, 각종 행정기관에서는 산하 위원회에 시민단체 관계자를 위촉하는 경우가 늘어났다. 노무현 정부는 "시민사회 성숙과 행정 수요 다양화라는 시대 추세에 맞춰 일방통행식이 아닌 협의형으로 국정을 운영하겠다"며 청와대와 총리실과 각 부처에 각종 위원회를 416개나 뒀는데, 여기에 시민단체 관계자를 적극 위촉했다. 이런 위원회들은 거버넌스governance를 위한 제도적 장치로 고안됐다.

UN이 NGO를 활용하듯, 김대중·노무현 정부도 '밖'에서 시끄럽게 굴지 말고 '안'으로 들어와서 함께 논의하자는 식으로 NGO를 '참여'시켰다.

이에 응할 것인지를 두고 NGO 내 이견이 있었지만, 시간이 갈수록 정책 제안 단체로서 정부가 정책을 수용해 구체적 방안을 마련하자는 자리에 참석하지 않는 것도 무책임하다는 의견으로 기울었다. 그래서 시민단체들은 다양한 분야에서 정부와 정책을 협의하고 자문하는 '거버넌스'에 적극 참여했다. 체제의 궤도로 빨려들 "협력"이라는 통로에 발을 디딘 것이다. 이 문제에 관해 비교적 까다로운 내규를 가진 참여연대도 지난 14년 동안 집행위원 이상 임원 40명이 역대 정부 위원회 101개 직위에 참여했다 (김영삼 정부 4개 직위, 김대중 정부 34개 직위, 노무현 정부 63개 직위).[10] 정부가 NGO의 정책 제안에 귀 기울일수록 NGO의 위상은 점점 높아졌고, 여론을 중요하게 여기는 NGO의 성격상 그들은 이것을 제도 개혁에 유리한 조건이라고 생각했을 것이다.

그러나 정부 위원회에 참여하면서도 독립성을 유지하고 권력에 맞서 잘 싸울 수 있을까? 시민단체 활동가들의 인터뷰를 바탕으로 글을 쓴 주성수 교수는 "거버넌스에 참여하면서 동시에 권력에 대항하거나 경쟁하기는 힘들다는 게 구술자들의 입장"[11]이라고 지적했다. 여성운동 일각에서는 한국여성단체연합 임원들이 NGO 자격으로 각종 주요 정부위원회에 참여하고 정책 결정

과정에 개입하면서 여성운동의 급진성과 진보성이 약해졌다고 평가한다. "이제 제도와 운동의 언어는 유사해졌고, 많은 활동가들은 자신의 정체성이 운동가인지 지도감독을 받는 정부의 하급직원인지 묻게 되었다. 때로는 제도의 메카니즘에 익숙해져서 '알아서 조율'하고 '스스로 온건해'졌으며, 운동을 앞서가는 제도화의 속도로 인해 여성운동은 '뒷북을 치거나' 사후 대응조차 못하는 경우도 발생하게 되었다."[12]

환경단체의 거버넌스 참가를 둘러싼 평가는 또 다른 사례다. 환경단체들은 노무현 정부의 신개발주의에 적절히 대응하지 못했는데, 이는 환경운동단체들이 정부와 맺은 거버넌스에서 비롯했다는 것이다. "[노무현 정부의] 균형발전과 분권화도 기본적으로 전통적인 개발-성장주의를 지역으로 이식하는 것으로, 지속가능성을 포함하는 새로운 발전의 비전을 갖지 못했다. 이러한 국가의 신개발주의에 대해 환경단체들도 적절한 대응을 하고 있지 못하다. 환경운동조직을 포함한 시민운동단체들은 과잉 제도화되어 정치권력과 교호성을 높이고 있으며, 그 의존성도 높아지고 있다. 거버넌스와 파트너십이라는 이름 아래 환경운동단체 구성원들이 정부의 각종 개발사업에 위원으로 참여하고 있는데, 이는 국가의 정책 방향을 조정하는 데 기여하기보다는 그 과정을 정당화하는 데 그치는 경우가 더 많다."[13]

무엇보다 문제는 정부가 거버넌스를 표방하면서도 모양새를 위한 청취에 머물고, 거버넌스 내 NGO의 급진적 의견을 제어하는 안전장치들이 작동하며, 종국에는 정부가 자본의 이해관계를 대변하고 신자유주의 정책을 추진한다는 것이다. 예컨대 노무현 정부의 산업자원부는 "'전력정책의 미래에 대한 시민협의회'의 합의사항을 무시"했고, "급기야 2004년 말에 각종 협의회에 참여했던 시민환경단체들이 참여를 중단하고 노무현 정권의 환경정책 후퇴를 비판하면서 환경 관련 시국선언을 하는 상황에 이르렀다."[14]

김대중 정권에서 시작된 '노사정협의회'도 거버넌스의 일종이라고 할 수 있는데, 이는 노동운동의 발목을 잡는 구실을 했다. 노사정협의회는 인구의 압도 다수인 노동자들이 잘해봐야 3분의 1의 발언권을 얻는 것이었으니 이것은 동등한 동반자가 아니라 불평등한 권력 관계를 강요하는 테이블이라고밖에 할 수 없다. 노동자들이 요구를 쟁취한 것은 노사정협의회 테이블에서가 아니라 그 바깥에서 압도 다수의 힘을 발휘할 때였다. 특히 파업 등 계급 고유의 방식으로 발휘할 때 더 효과적이었다.

우석균 보건의료단체연합 정책국장은 "정부의 의료시장화 정책을 주도하고 있는 '의료산업선진화위원회'의 예를 들어 위원회 구성에서부터 정부관료와 업계대표, 민간 전문가들이 대부분을 차지하고 있어 시민사회단체들의 참여는 요식 행위에 지나지 않는 현실을 지적하고 있다."[15] 그럼에도 NGO들은 거버넌스를 점점 더 중요하게 다루고 있다.

'비정치성' 구호의 이면

참여연대는 "권력 장악을 위해 정당의 일원으로 정치 행위를 하는 것과, 시민사회의 정책적 견해를 정부 정책에 반영하려는 노력은 구분된다"며 거버넌스 참여를 옹호한다.[16] 그러나 현실을 보면 이 둘이 명확하게 나뉘지는 않는 듯하다. 어느 방향으로 가다 보면 부지불식간에 선을 넘듯이, 시민사회의 정책적 견해를 정부 정책에 더 효과적으로 반영한다는 구실로 국가 기구의 요직과 정당 행을 마다하지 않은 NGO 지도자들이 많았다.

박원순 변호사는 한 강연에서 이렇게 말했다. "시민운동을 하다가 정부 조직에 들어간 사람들이 은근히 많더군요. 인권운동 했던 사람들 가운데에서도 지금 국가인권위원회에 있는 사람들도 많고 시민운동 하다가 공기업 감사를 하는 사람도 많습니다. 이런 점을 되돌아보면 어쨌든 일반 시민들이 그렇게[시민운동은 정부의 친위대라고] 생각하도록 빌미를 제공한 측면도 있었다고 생각합니다."[17] 이태호 참여연대 협동사무처장도 "일부는 주요 각료와 청와대 비서관, 열린우리당 정책그룹으로서 정권 참여라는 맥락에서 깊숙이 개입했던 것 역시 부인할 수 없다"고 했다.[18]

이런 예는 일일이 열거하기 어려울 만큼 많다. 예컨대 참여연대 공동대표를 지낸 김창국·최영도는 대표직을 지낸 직후 국가인권위원장(장관급)이 됐고, 노무현 정부의 노동부 장관을 지낸 김대환은 비록 여러 해 전이지만 참여연대의 정책위원장과 참여

사회연구소장을 역임한 인물이다. 환경운동연합은 국무총리 1명, 장관 6명을 배출했다고 하고,[19] 환경운동연합의 대표 인물인 최열은 용산 참사의 한 주범인 막개발주의자 오세훈 서울시장의 인수위원회 공동위원장을 지냈다. 1대 여성부 장관과 환경부 장관을 지낸 한명숙은 한국여성민우회 회장과 한국여성단체연합 공동대표, 그리고 환경운동연합 지도위원을 역임했다. 2대 여성부 장관을 지낸 지은희도 한국여성단체연합 상임대표 출신이다. 2003년에는 한국여성단체연합 이오경숙 대표가 대표직을 사임하고 열린우리당에 입당해 운동 내에서 논란이 일기도 했다. 가장 최근 사례는 한국여성민우회 상임대표를 지낸 김상희 씨가 민주당에 대한 대중의 환멸이 극에 달한 2007년 대선 직전 "시민단체 몫으로" 민주당에 영입돼 공천을 받고 국회의원이 된 경우다.

심지어 여성운동계에서는 "운동단체 활동가로서의 경험이 국가 부문에서 페모크라트femocrat(여성주의 관료)로서의 모범이 될 수 있다"는 의미를 부여하기도 한다.[20] 정치권의 여성 비율이 심각하게 낮은 상황에서* 여성의 정치권 진출이 한 대안으로 인식돼 온 것은 이해할 만하지만, 문제는 이 비율이 늘어난 지난 10여 년 동안 여성 대중의 실질적 처지(비정규직, 육아 문제 등)는 전혀 개선되지 않았다는 것이다.

----

* 2002년 한국의 여성 권한 척도는 세계 68개국 중 61위를 차지했다.

NGO의 이 같은 활동을 보면, NGO가 국가로부터 독립적이며 NGO 활동이 시민사회의 확장을 통해 국가권력을 축소한다는 주장이 무색해진다. 국가권력 축소는커녕 최악의 경우 국가 기구에 흡수돼 정권을 정당화하는 구실을 할 수 있다. 또, 개혁을 위해 "국가를 활용"한다는 NGO의 방식에는 국가가 중립적이라는 순진한 가정이 깔려 있다. 그러나 NGO가 감시·견제하고자 하는 짓을 끊임없이 양산하는 세력(물론 형식적으로 말하면 그 일부)과 협력하는 것은 안타깝게도 NGO가 진정으로 바라는 개혁의 지름길이 아니라 도리어 그로부터 멀어지는 길이다.

여기에서 NGO의 비정치성(또는 비정파성)이나 공익성 논리에도 물음을 던지지 않을 수 없다. 시민운동은 부패·무능 정치권에 대한 국민의 불신과 환멸이 광범한 상황에서 정치적 중립성을 내세워 급성장할 수 있었고, "계급중립적인 시민단체가 공익의 담지자"(박원순)라고 자처해 왔다. 특정 계급, 특정 정파의 제약을 받지 않는다는 점을 강조해 온 것이다.

그러나 시민사회는 하나의 통합된 공간이 아니라 계급들이 서로 충돌하는 싸움터다. 낙천낙선운동 이후 경실련과 다른 시민단체들 간의 분열, 뉴라이트 시민단체의 등장 등에서 보듯이 시민단체들 간에도 좌우 균열이 있고, 그들이 말하는 '공익성'도 서로 다른 잣대다. 환경운동은 스스로 정당이 되는 길을 택하기도 했고, 여러 시민단체들은 지방선거에 적극 뛰어들어 지방자치단체에 참가한다. 시민운동이 비정치성을 지켜야 한다는 주장이 일각에 있지만, 이것은 앞서 말한 이유들에서 비현실적인 얘기다. 시민단체들도 나름의 정치색이 있다는 것은 이제 누구나 안다. 이런 마당에 정치적 중립성을 내세우는 것은 별로 설득력도 없을뿐더러 최악의 경우 위선으로밖에 보이지 않을 것이다.

이런 문제는 운동 속에서도 나타나는데, (연대체 회의 등에서) NGO들은 종종 자신의 견해가 '공익' 또는 시민을 대변하는 것처럼 말한다. 특정 계급의 이익을 내세우는 노동단체나 변혁적 정치단체의 '치우친' 입장과는 다르다는 듯이 말이다. '비정치성', 운동의 자발성을 명분으로 정치를 배제하려고도 한다. 그러나 시민단체들이 '공익' 또는 '비정치성'의 구호 뒤에 숨지 않고 자기 나름의 전략을 내놓고 운동 전망을 논쟁하는 게 운동의 발전에도 도움이 될 것이다.

이런 점에서 시민운동 내에서 "정치세력화" 논의가 진행되는 것은 나름의 의미가 있다.[21] 그런데 여기서 문제는 어떤 정치인가 하는 것이다. 왜냐하면 오늘날 진보적 시민운동의 위기는 상당 부분 두 부르주아 개혁 정부에 깊이 관여해 온 '정치'에서 비롯한 것으로 판단되기 때문이다. 김대중·노무현 정부의 신자유주의 정책 아래서 노동자와 서민의 삶은 나락으로 떨어졌다. 그러자 대중의 환멸 속에서 두 정부는 정치적으로 추락했고 여기에 발 담가 온 진보 NGO들도 동반 추락을 면치 못했다. 시민운동의 정치세력화 논의가 진보적 부르주아 정치인을 내놓고 밀어주는 데서 멈추고 더 급진적 정치 대안 건설로 나아가지 않는다면 오늘날 사회 진보의 필요에 부응할 수 없을 것이다.

단일 쟁점 운동과 그 한계

NGO 활동의 또 다른 특징은 단일 쟁점 중심이라는 것이다. 1990년대부터 소위 "탈계급적 이슈를 추구하는 다양한 운동단체들이 급성장"했는데, 여성·환경·평화·동성애·인권·장애인·이주자 관련 NGO들이 대표적 사례라고 할 수 있다.

이 밖에도 더 다양한 소규모 운동들이 있다. 예컨대 "환경과 관련된 것, 신체 및 건강과 관련된 운동들, 성적 정체성과 관련된 운동들, 새로운 삶의 방식을 실천하는 소규모 운동들(대안적 교육이나 건강 및 질병과 관련된 대안요법의 대중적 확산, 공동체운동의 실험적 시도)이 그러한 것으로 간주될 수 있을뿐더러, 환경운동만 하더라도 전국적 규모의 전문단체 활동에서부터 '생태공생적' 삶을 실천하는 귀농 운동과 같은 다양한 수준의 운동들이 포함될 수 있다."[22] 또 이 밖에도 시민사회단체연대회의 소속 단체들이 다루는 쟁점을 몇 가지만 추가해 보면, 교통·소비자·문화·법률·부정부패·기아·주거 문제 등이 있다. 최근에는 공정무역,

투기자본, 한국 기업이 동남아 등지에서 자행하는 초착취 같은 문제들에 대해서도 관심이 늘고 있다.

그런데 이런 쟁점들도 따지고 보면 체제 문제인 경우가 많다. 여성과 동성애자 천대는 계급사회, 특히 자본주의 사회의 결과이고, 환경 문제는 급속한 산업화와 직결되며, 식품 안전은 자본의 이윤 논리 때문에 위협받고 있다. 건강과 질병은 환경 파괴와 장시간 노동, 열악한 노동조건 등과 관계가 밀접하며, 교육 붕괴는 경쟁 논리가 낳은 비참한 현실이다 등등. 모두 자본주의가 낳은 악폐다. 그것도 신사회운동의 가정과 달리, 현대 사회에서 새롭게 나타난 문제가 아니라 자본주의만큼이나 오래된 참상들이다.

"인간의 상품화, 가장 많이 광고되는 제품들을 혹사 공장 노동에 의존하는 것, 남녀노소의 삶을 파괴하는 장시간 노동, 토지와 직장에서 갑자기 쫓겨난 농민과 노동자의 생계 파탄, 황폐해진 환경, 이 가운데 어느 것도 지난 20~30년 동안 새롭게 발생한 현상이 아니다. 100년, 150년, 심지어 200년 전에 쓰인 저작들에서 이 모든 것을 읽을 수 있다. 즉, 코벳의 신문 기사, 찰스 디킨스의 ≪어려운 시절≫, 개스켈 부인의 ≪남과 북≫, 에밀 졸라의 ≪제르미날≫, 업튼 싱클레어의 ≪정글≫, 엥겔스의 ≪영국 노동자계급의 상태≫, 칼 마르크스의 ≪자본≫ 제23장 '자본주의 축적의 일반 법칙'에서 말이다. 그것들은 자본주의 역사 전체에 나타난 특징적 결과들이다."[23]

따라서 근본적 변혁 단체는 물론 노동운동 일반도 이런 쟁점에 마땅히 관심을 기울여야 한다. NGO 활동가들은 대개 신사회운동론에 따라 노동계급과 그 운동은 자본주의 발전과 이해관계를 공유하며 따라서 그것이 낳는 문제의 일부라고 여기지만, 이것은 사실이 아니다. 마르크스주의를 근대주의 취급하는 사람들은 마르크스의 이런 구절도 눈여겨 봐야 한다. "인류의 진보[는] …… 달콤한 과즙을 마시는 것이 아니라 죽은 사람의 해골에서 솟는 물을 마시는 무시무시한 이교도의 우상[과 닮았다.]" 노동계급의 진정한 이해관계는 자본주의를 폐지해 스스로 해방되고 인류도 해방시키는 것이다. 노동계급은 자본주의를 성장시키는 데 이바지할 수밖에 없지만, 동시에 자본주의의 쇠사슬을 끊을 수 있는 유일한 세력이다.

단일 쟁점 운동의 문제는 그런 쟁점으로 운동하는 것 자체가 아니라 그런 쟁점을 다루는 방식이다. 즉, 체제의 다른 문제들에서 떼어내 그 쟁점에만 주목하는 것이 문제인 것이다. 여성 차별은 착취와 관계 없고, 환경 파괴는 자본주의와 관계 없으며, 이 모든 쟁점들은 서로 연관이 없고 해결책이 저마다 서로 다른 별개의 문제라는 식으로 말이다. 단일쟁점주의는 현대 사회에서 자본과 노동의 적대 관계가 중심이 아니고 각 적대는 서로 자율적이며 어느 적대가 다른 적대보다 더 중요한 것도 아니라고 한다. 특정 형태의 차별을 받는 사람들만이 그 차별을 정확히 이해하고 그에 맞서 싸울 수 있으며, 그 밖의 다른 사회 구성원들은 모두 어느 정도는 문제의 일부라는 것이다.

이런 관점에서 대다수 NGO들은 자율성과 정체성을 추구하는 개별 운동을 중시한다. 운동들은 서로, 그리고 체제 변혁 운동으로부터 자율적으로 조직돼야 한다. 예컨대 여성운동은 1990년대에 "[전체 운동 내] 부문운동의 차원에 위치하는 것이 아니라 독자적인 이슈와 영역을 가지고 있는 사회운동의 하나라는 점이 강조되기 시작했다. …… 더 이상 남성과의 연대 형성이라는 측면에 연연하지 않고 …… 남성과의 차이를 강조하면서 가부장제와의 대결을 선언"[24]했다. 곧이어 여성 내의 차이도 강조하는 경향이 나타났다. 운동은 단결하고 힘을 모으기보다는 파편화하고 분산됐다.

단일 쟁점 고수인가, 의제 확장인가

특정 이슈 중심의 NGO들만이 단일 쟁점 운동을 하는 것은 아니다. 세분화된 특정 이슈만 다루는 NGO보다 정도는 덜하지만, 종합적 시민단체들도 여러 분과위원회가 칸막이화된 채 이슈를 개발하고 그에 따라 여러 개의 단일 쟁점 운동을 벌이는 방식으로 활동한다. 예컨대 이런 단체들은 부정부패, 빈곤, 등록금, 연금, 실업, 대기업 횡포, 반전평화, 투기자본, 환경 문제 등 다양한 쟁점을 다루지만, 제도 개혁을 통한 각각의 해결책 마련에 관심을 기울이지, 한 쟁점을 다른 문제들과 연결시키고 더 근본적인 도전으로 나아가는 데는 관심이 없다.

반면, 근본적 사회변혁 단체는 정부나 기업의 양보를 얻어 내는 투쟁에 참가하는 동시에 투쟁을 확대해 더 근본적인 도전으로 나아가도록 하는 데 관심이 있다. 그래서 단일 쟁점을 둘러싸고 만들어진 공동전선(연대체) 안에서 NGO 활동가들과 근본적 변혁 운동가들이 함께 헌신적으로 활동하지만 서로 다른 방법으로, 서로 다른 강조점을 가지고 그렇게 한다.

2008년 촛불 투쟁은 운동이 성공적으로 확대된 만큼 단일 쟁점 운동의 한계를 드러낸 사례다. 당시 광우병국민대책회의 내에서는 광우병 쇠고기 수입 반대라는 단일 쟁점을 고수할 것인가, 아니면 의제를 확장해 대통령 퇴진 투쟁으로 나아갈 것인가를 둘러싸고 장기간 격렬한 논쟁이 있었다. 대부분의 NGO는 전자의 태도를, 다함께 등 급진좌파 단체들은 후자의 태도를 취했다. 운동 초기에 대책회의는 이미 거리에서 광우병 위험 쇠고기 수입 반대뿐 아니라 다른 의제들(이명박 정부의 주요 신자유주의 정책들 반대)이 결합되고 있다는 점과, 이를 수용해 대책회의도 의제를 확장해야 한다는 일부 소속 단체의 주장에 직면해 1+5라는 절충 안을 채택한 바 있었다. 그러나 6월 하순으로 갈수록 NGO 지도 자들의 다수는 단일 쟁점 고수 태도를 강화했다. 당시 상황에서 광우병 위험 쇠고기 반대라는 단일 쟁점을 고수하는 것은 대통령 퇴진이라는 정치투쟁을 거부하고 이 투쟁을 국회 내의 제도 개혁과 풀뿌리 차원의 불매운동으로 연결시키려 한다는 것을 뜻했다. 이것은 실제로는 광우병 위험 쇠고기 수입 문제라는 한 가지 쟁점도 해결할 수 없는 방안이었다.

대개 단일 쟁점 운동은 사람들이 체제의 추악한 단면에 도전하게 만들 수 있다. 그러나 이 운동이 체제에 반대하는 것으로 나아가기보다 단일 쟁점에만 국한되면 결국 문제의 진정한 해결책이 될 수 없는 방안을 지지하는 것으로 끝나 버리기 쉽다. 예를 들어, 제3세계 외채 탕감 운동을 벌인 서구 NGO들은 정부가 양보하겠다고 제안하자 제3세계 빈곤을 사실상 줄이지 못하는 계획들을 지지하는 선에서 운동을 마무리했다. 외채 탕감은 "외채 과다 빈국"만을 대상으로, 그것도 신자유주의적 조치를 담은 IMF/세계은행 패키지의 이행을 조건부로 했다. 영국 NGO 옥스팜Oxfam의 자료를 보면, 외채 과다 빈국의 부채 탕감 조치가 실행되더라도 12개 최빈국 가운데 5개국은 보건비와 교육비를 합친 액수보다 더 많은 돈을 서방 채권단에 상환해야 한다.

최빈국 민중의 돈이 선진국의 부유한 은행으로 가는 터무니없는 현실을 고발한 외채 탕감 운동은 일련의 성공을 거둘수록 기로에 서게 됐다. 정부에 영향을 미치기 위해 정부가 수용할 수 있는 온건한 요구들을 내놓을 것인가, 아니면 완전한 외채 탕감을 주장할 것인가? 외채라는 단일 쟁점을 고수할 것인가, 아니면 의제를 확장해 더 넓은 체제의 문제들을 다룰 것인가? 외채 탕감 운동의 성공에 크게 기여한 수전 조지는 운동이 한창일 때 이미 "이 [외채 탕감이라는] 해결책이 함정이 될까 봐 두렵다"고 한 바 있다. 외채를 덜어 주면 제3세계 최악의 정부들이 혜택을 볼 위험이 있고, 탕감 받은 나라들이 머지않아 신용 등급 제로의 금융 천민으로 전락할 것이기 때문이다. 외채 탕감은 문제를 일시적으로 완화할 수 있을지 몰라도 제3세계 빈곤 문제는 사라지지 않고 지속될 것이다.

우리 나라 NGO들이 오랫동안 중요하게 다루며 캠페인을 벌인 부패 문제도 비슷한 사례로 얘기할 수 있다. 부패는 국가와 자본의 유착을 보여 주며 자본주의 국가의 진정한 성격을 드러내는 문제다. NGO들은 법률 제정으로 부패를 방지하고자 했고, 결국 국회는 2001년 부패방지법을 제정했지만 알맹이는 쏙 빼 버렸다(이에 대한 NGO의 대응은 공직자윤리법이라는 보완 법률을 만드는 것이었다). 부패방지법이 제정된 뒤로도 우리는 법을 피하거나 무시하는 대담한 부패를 수없이 보고 있다. 삼성 X파일은 대표적 사례일 뿐이다. 물론 이런 운동이 의미가 없다는 얘기는 절대 아니다. 다만, 이런 운동은 체제의 다른 문제들과 연결되고 더 근본적인 도전으로 이어져야 진정한 효과를 낼 수 있다.

이런 일이 당장은 까마득하게 보이기 때문에 상당수 NGO들은 특정 사안의 개선을 위해 정부나 국회에 영향을 미치려 하게 된다(이런 활동 방식의 문제점은 앞에서 다뤘다). 최악의 경우에는 정부의 계획을 뒷받침하거나 지지하는 것으로 나아갈 수도 있다. 2008년 미국의 일부 NGO들은 부시 정부에 아프리카 수단 다르푸르에 개입하라고 요구했다. '인도주의'를 명분으로 침략을 일삼은 바로 그 정부에 말이다. 일부 국제 인권 NGO들은 후세인과 밀로셰비치 치하의 끔찍한 인권 탄압을 이유로 걸프와 발칸반도에서 미국과 서유럽 정부들이 벌인 '인도주의' 명분의 침략 전쟁을 지지한 바 있다.

이런 문제는 단일 쟁점 운동이 "고도의 이데올로기적 합의나 궁극적 목표에 대한 합의를 요구하지 않[는다]"[25]는 생각과도 관계 있다. 단일한 이슈에 대한 공감만 있으면 됐지, "좌파의 통일된 담론"은 필요 없다는 것이다. 신사회운동론은 우파와도 연합할 수 있다고 생각하며, 특히 포스트마르크스주의 신사회운동론은 자본주의 국가도 진보를 달성하는 수단이 될 수 있다고 한다.

그래서 노동자들을 착취하는 기업도 환경 같은 쟁점에서는 함께할 수 있다. 기업의 관점에서는 사회적 공헌CSR이 광고보다 저렴한 기업 이미지 제고 방법일 수 있다. 여성의 정치 진출이나 할당제 도입을 위해서는 한나라당 정치인이나 기업인과도 연대할 수 있다. 비록 그들이 여성의 실제 조건을 악화시키는 파견제나 비정규직 도입을 지지할지라도 말이다(보수적 여성단체인 한국

여성단체협의회는 '할당제 도입을 위한 여성연대'에는 참가했지만, 기업인도 가입해 있다는 이유로, 진보적 여성단체인 한국여성단체연합의 파견제 반대 제안은 거절했다).[26]

단일 쟁점 운동이 택하는 전략이 효과적이지 못한 이유는, 바로 이런 동맹이 NGO가 없애고자 하는 문제들을 일으키는 체제의 파괴적 동력 ― 근시안적이고 불합리한 축적 몰이 ― 을 지속시키는 데 일조하기 때문이다.

전략적 관점의 부재와 비민주성

단일 쟁점 운동의 가장 큰 문제 가운데 하나는 운동이 협소한 시야와 경계에 갇혀 파편화하고 힘의 집중보다는 분산(따라서 약화) 효과를 낸다는 것이다. 운동들은 흔히 하나의 부문에서 더 세분된 쟁점으로 나뉘고, 이 세분된 쟁점들도 각각 지역 단위로 나뉘어서 진행된다. 그런데 이때 총체적 분석에 기초한 **전략적 관점** 없이 각자 낱낱의 단일 쟁점 운동에만 골몰하다 보면 서로 운동 성과를 모으고 단결하기보다 역효과를 낼 수 있다.

특정 지역의 댐 건설 반대 운동이나 방폐장 건설 반대 운동을 예로 들면, 이 운동들은 결국 댐 건설이나 핵 발전 같은 국가 차원의 에너지 정책 문제를 다뤄야 한다. 에너지 정책을 바꾸기 위한 전국적 캠페인으로 모이지 않으면 댐 건설이나 방폐장 건설을 막아내 승리하더라도 그것이 다른 지역의 부담으로 이전되는 뜻밖의 결과를 보게 될 수 있다.

각각의 운동이 저마다 제자리에서 열심히 하면 자연스럽게 하나의 큰 힘을 이룰 수 있을 것처럼 보이지만, 전략적 관점이 없으면 결코 자동으로 그렇게 되지 않는다. 예를 들어, 2008년 말 이스라엘의 가자 지구 공격으로 반전 운동이 벌어졌을 때 환경재단은 이스라엘을 후원하는 스타벅스와 공동 캠페인을 벌이고 있었다. 일부 NGO들이 이스라엘에 반대해 싸우는 동안 다른 일부 NGO는 이스라엘 후원자와 협력한 셈이다. 빈곤과 사유화를 반대하는 단체들이 공공요금 인하를 주장할 때 환경단체들은 에너지 사용 자체를 줄여야 한다며 공공요금 인하를 지지하지 않는 것도 이런 사례다. 이것은 공공요금 인하를 거부하는 정부에 좋은 핑계거리를 줄 수 있다.

NGO 활동가들은 대부분 전략적 관점에 거부감을 나타낸다. 모든 단체가 나름의 방식으로 활동을 전개하면 되지, 현 정세에서는 어떤 특정 투쟁이 중요하고 거기에 힘을 집중해야 한다는 식의 결정을 내리는 것은 옳지 않다는 것이다. 모든 운동이 똑같이 중요하고 나름의 판단을 존중해야 한다고 한다. 설사 힘의 집중이 필요하다고 생각하는 단체(근본적 변혁 단체이기 십상이다)일지라도 다른 활동가 또는 단체를 설득하려 해서는 안 된다. 그것은 운동의 '자발(자율)성'을 무시하는 것이기 때문이다. 운동의 파편화를 극복하기 위해 시민사회단체들의 공동전선(연대체)을 구성했을 때조차 이런 원리가 강조된다.

그러나 전략은 특정 세력의 음모가 아니라 운동을 효과적으로 건설하기 위해 필요한 것이다. '자율성'이라는 기치는 얼핏 민주적으로 들리지만, 사실은 각 단체가 서로 다른 단체의 경험에서 배우고 어떻게 하면 더 효과적인 운동을 펴 나갈 것인가 하는 토론을 원천에서 거부한다는 점에서 실제로는 비민주적 관행을 낳는다. 연대체 회의에서 흔히 작은 단체까지 배려하기 위한 방안처럼 적용되는 합의의 원칙도 비슷한 효과를 낸다. 합의에 이르지는 못했지만 결정을 내려야 할 필요성 때문에, 참가 단체 중 일부 단체들이 공개적 토론을 피해 자기들끼리 협상과 막후 조종으로 일을 처리하는 경우가 생긴다.

주요 NGO의 리더들은 이런 일에 아주 능숙하다(민중단체들도 마찬가지이지만). NGO는 민주주의를 강조하면서도 이와 같은 비민주적 관행들을 적지 않게 드러낸다. 일부 연대체는 급진좌파도 참가하는 공식 회의를 무시한 채 주요 쟁점의 경우 소수 단체들이 따로 모여 결정을 내리기도 한다.

NGO들이 비정치적이지도 않고 주요한 일부는 정부나 기성 정당으로부터 '자율적'이지도 않은 활동을 하고 있다는 점을 고려하면 이런 비민주성은 더욱 큰 문제가 아닐 수 없다. 이런 비민주성 뒤에서 정부와 의견을 조율하려는 NGO 지도자 출신 명망가들의 입김이 강해질 수 있기 때문이다.

대중행동 없는 운동

비교적 규모가 큰 중앙 NGO들의 가장 흔한 활동 방식은 성명서 발표와 기자회견이다. 홍일표 전 참여연대 연구팀장은 창립 이후 10년간 참여연대의 운동 방식을 분석했는데,[27] 가장 두드러진 특징으로 "논평을 포함한 성명의 비율이 매우 높다는 사실"을 꼽았다. 그에 따르면, 참여연대는 창립부터 2004년 5월 31일까지 총 4037건의 활동과 사업을 벌였는데, 그 가운데 44퍼센트가 성명 발표였다.

성명 발표는 "참여연대의 운동 대상들 ─ 예를 들어 정부 부처나 정당, 재벌기업 등 ─ 을 향해 말하는 형식"을 취하며 "결국 '언론'을 상대로 한 것"이다. 성명 발표뿐 아니라 기자회견 개최, 보도자료 발송 등까지 포함하면 언론을 대상으로 하는 참여연대의 활동은 전체 활동의 무려 61퍼센트를 차지한다. 이것은 "참여연대 운동이 전형적으로 '언론을 활용하는' 운동임을 잘 보여 주는 수치"다. 김호기 교수는 이런 방식이 "경실련 창립 이후 핵심 전략의 하나로 자리 잡아 왔다"며 "언론을 통하여 주요 쟁점 사항을 여론화시키는 것은 사회운동의 양대 행동 수단 중 하나"인

"여론의 정치"로 의미가 있다고 한다.[28]

김 교수가 말하는 또 하나의 수단은 "행동의 정치"다. 그러나 이에 해당하는 집회는 참여연대 전체 활동에서 겨우 5.6퍼센트밖에 안 된다. 게다가 홍일표 전 팀장에 따르면, "참여연대를 비롯한 시민단체들의 집회나 토론회의 실제 양상을 살펴보면 이 역시 대중의 직접 동원과 참여를 목적으로 하는 운동 방식으로 분류되기보다, '언론을 통한 운동'으로 분류되는 것이 오히려 정확"하다. "참여연대의 집회는 주로 자신의 주장을 가장 집약적으로 드러낼 수 있는 공간에, 언론의 보도가 가능한 시간을 설정하여 보도진을 상대로 피켓과 플래카드를 들고 구호를 외친 후 끝을 내는 형태이다. 대중을 향해 집회에 동참할 것을 호소하는 것이 아니라, 보도진을 향해 자신의 주장을 외치고 집회의 목적과 내용이 담긴 보도 자료를 배포하여 그것이 언론을 통해 더 많은 대중에게 전달되도록 하는 전략인 것이다."

이 점에서 환경단체들이 종종 하는 '직접행동'(또는 '전위적 시위')도 유사성이 있다. 예컨대 환경운동연합이 대기오염에 대한 경각심을 일깨우기 위해 이순신 장군 동상에 방독면을 씌운 것 같은 퍼포먼스(1994년)는 언론을 활용해 시민의 의식을 각성시키려는 행위다.

그나마 참여연대 활동에서 이런 성격의 집회 비율마저 점점 줄어드는 양상이라고 홍 전 팀장은 지적한다. 10년 평균 5.6퍼센트이던 것이 2002년에는 3.0퍼센트, 2003년에는 2.0퍼센트까지 떨어졌다.(2004년 참여연대 활동에서 집회 비율이 6.7퍼센트를 차지 했는데, 홍일표 전 팀장은 이것이 하락 추세 속의 예외적 반등으로 "파병반대운동의 영향"이었다고 한다. 파병반대운동이 "행동의 정 치"를 중시한 운동이었음을 보여 준다.) 반면, 논평은 점점 늘고 있 다. 10년 평균 44퍼센트이던 것이 2002년에 56퍼센트, 2003년에 62퍼센트를 차지했다.

성명을 많이 발표하고 언론을 활용하는 것 자체가 문제는 아 니다. 촛불집회 당시 〈100분 토론〉이나 〈PD수첩〉이 한 구실에 서 보듯이 언론을 활용할 필요가 있다. 그리고 단체들이 입장도 없이 운동에 뛰어들 수 없으므로 중요 사안에 대해 논평이나 성 명을 발표하는 것은 지당한 일이다. 나날의 정치 상황을 분석하 고 폭로하고 과제를 제시하는 것은 매우 중요한 일이어서 좌파 일각에서 종종 그러듯이 '말이 필요없다, 행동으로 돌파하자'는 식으로는 사태에 제대로 대처할 수 없다.

문제는 이것이 대중행동에 이바지하기 위한 것인가 대중행동 을 대체하는 것인가다. 예컨대 다함께 같은 단체가 발표하는 성 명은 대개 행동 주체인 노동자·학생·청년을 상대로 말하며, 정 부에 요구하는 형식을 취할 때조차 운동의 과제로서 제기하는 것 이다. 즉, 대중 자신의 행동을 위한 선전과 선동인 것이다. 반면 대다수 NGO들의 성명은 '위'를 쳐다보며 비판하고 설득하고 조언하고 훈수 두고 촉구하는 내용(정책 대안)을 담는다. 언론을 통한 여론화는 그 내용을 수용하도록 기성 정치권에 압력을 넣는 주요 방법이다. 전자가 대중행동에 의존한다면 후자는 기성 정치권의 개혁 의지에 기댄다.

이것은 시민운동이 노동계급 투쟁의 중요성과 이를 통한 사회 변화 가능성을 부정하면서 탄생한 순간부터 잉태된 문제라고 할 수 있다. 홍일표 전 팀장은 이렇게 말한다. "노동조합에 기반한 노동운동이나 학생회에 기반한 학생운동과 같은 분명한 '자기대중'을 갖는 다른 사회운동들과 달리, 시민운동은 자신의 대중적 기반이 불명확한 운동이다. 자신만의 독자적 대중 기반을 갖지 못한 시민운동으로는 수의 논리나 물리적 타격의 논리에 기초한 운동 수단을 사용하기 어려웠다."

그래서 NGO들은 공동전선(연대체)에서도 대중 집회에는 관심이 없거나 심지어 꺼리고, 국회 로비 활동이나 법적 대응, 정책 선전 등을 담당하려 한다. NGO가 돋보일 수 있는 길은 "수의 논리나 물리적 타격의 논리"를 좇기보다 전문성이라는 차별화된 가치로 조명을 받는 것이기 때문이다.

NGO의 정책 기능이 중시되면서 활동가들은 점점 정책 전문가들로 대체되거나 활동가 스스로 정책 전문가가 됐다. NGO가 정부 프로젝트를 수행하는 일이 늘면서 전문화의 압력은 더 강해졌다. 여성단체의 변화는 이를 보여 주는 한 사례다. "여성단체가 사단법인화되고 정부 프로젝트를 수행하면서 프로젝트를 기획하는 것만이 아니라 보고서 작성, 프로젝트 예·결산 보고의 방법 등을 익히는 등 전문화되었다. 이에 따라 여성단체들은 활동가들을 모집하는 과정에서 홈페이지를 관리할 수 있는 사람, 사회복지사 자격증이 있거나 여성학 전공자들을 선호하게 되었다."[29]

엘리트주의

그런데 이런 전문성은 시민단체가 노동계급 대신 새로운 의의를 두고자 했던 시민 개인의 참여조차 어렵게 한다는 문제를 낳는다. 보통의 시민 회원이 입법청원이나 소송(고소·고발·헌법소원), 정책 개발 같은 전문적 활동에 참여하기는 쉽지 않은데, NGO가 이런 일 중심으로 돌아가다 보니 회원들의 기여가 낮을 수밖에 없다. NGO 회원들은 대개 메일링 리스트상에 존재하고 잘해봐야 회비를 내는 수준의 참여에 그친다. "대개의 경우 회원의 30~40퍼센트 정도만이 회비를 납부하는 수준"이다.[30]

시민들이 자신이 가입한 NGO가 벌이는 운동에 참여하는 일도 매우 드물다. 2002년에 서울과 부산 환경운동연합 회원들을 대상으로 조사한 결과를 보면, 79.1퍼센트가 환경운동연합이 기획한 프로그램에 참여한 적이 한 번도 없다고 답했다. 그런데 "이메일 조사에 응할 정도로 환경운동연합에 대한 관심이 높은 응답자들 가운데 80퍼센트 정도가 환경운동연합 프로그램에 참여하지 않았다면, 일반 회원의 경우에 이 숫자는 더 클 것으로 추측할 수 있다."[31] 당시 전체 조사 회원 8000명 가운데 응답자는 겨우 408명이었다.

이것은 민주주의 문제와 직결된다. 민주주의를 표방하는 시민단체의 의사 결정이 회원들의 민주적 참여 속에 이뤄지고 있지 않은 것이다. 이런 사정 때문에 "시민 없는 시민운동"이라는 비판이 시민단체 안팎에서 제기되고 있다. "참여민주주의를 표방하고 있음에도 불구하고 엘리트주의적 운동 방식에 기울어져"[32] 시민들의 참여에 바탕을 두고 있지 못하다는 것이다.

이런 엘리트주의는 평범한 시민들이 소비주의·개인주의·시장만능주의 등을 "내면화"했다고 우려하는 NGO의 일면적 견해에서도 드러난다. 김민영 참여연대 사무처장은 "상층의 정치체제보다 보통 사람들이 가지고 있는 의식이라는 것이 경쟁, 효율, 시장만능주의에 경도되기 더 쉽다"고 말한다. 보통 사람들이 "'경쟁력을 키워야 한다'는 것을 진리처럼 받아들이고 …… 공공의 이익이라든지 더불어 산다는 말을 딴 세상 이야기처럼 듣는 것 같"아 "그게 참 어렵다"는 것이다.[33] 이렇게 생각하면 보통 사람들을 주체로 여기기는 힘들고 계몽 대상이나 의식화 대상으로 설정하기 마련이다. 또, 시민들의 의사를 민주적으로 대의할 가치가 없다고 여기게 돼 NGO 스스로 바람직한 시민의식의 대변자를 자임하게 된다. 이러다 보면 NGO는 더욱 전문화되고 보통 사람들의 참여는 더욱 쉽지 않게 되는 악순환이 일어난다. 일부 NGO 활동가들이 NGO 위기의 요인을 무관심하고 참여하지 않는 시민의식에서 찾는 것은 모순이 아닐 수 없다.

그런데 NGO가 회원 조직에 기반한 운동이 아니어서 나타나는 허약성을 "여론의 정치"로 메우기는 쉽지 않다. 김민영 참여연대 사무처장은 "여론을 움직이는 방식, 여론의 정치라는 것이 사회적 지지 여론이 높을 때는 유효한데, 퇴조기에는 허약"하다고 고충을 토로한다.[34] NGO가 소수 활동가 단체라는 바로 그 점때문에, NGO가 정부와 기업들에 개혁을 강제하려면 광범한 층의 사람들을 동원할 수 있어야 한다. 특히 노동계급이 중요하다.

흔히 "탈계급적 운동"을 표방하는 운동 자체는 사회에 결정적 영향을 미칠 수 있는 힘이 없다. 이런 힘은 가장 천대받고 가난한 사람들이 아니라 체제의 생명줄인 이윤에 타격을 가할 수 있는 노동계급에게 있다. 은근히 조직 노동자들을 체제의 특권적 협조자 취급을 하거나, 기껏해야 여러 동맹 세력 가운데 하나로만 본다면 노동계급의 힘을 제대로 사용할 수 없다. 2008년 촛불항쟁은 이런 약점을 보여 준 예다.

촛불 초기에 시민단체늘은 조직 노동자들이 참가하면 중고생과 시민들이 시작한 촛불 운동의 의의를 훼손한다는 견해를 직접·간접으로 나타냈고, 민주노총 지도부는 처음에 이 압력을 수용해 조합원들이 투쟁조끼를 벗고 깃발을 내린 채 개인으로 참가하도록 하겠다고 했다. 그러나 시위대가 수십만 명을 넘어서자 조직 노동자들이 그저 개별적 시민들로서 숫자를 보태는 데 머물지 말고 하나의 계급으로서 강력한 힘을 발휘하는 수단 ― 대중파업 ― 을 사용해야 승리의 결정타를 날릴 수 있다는 점이 명백해졌다. 그럼에도 광우병국민대책회의 소속 대다수 단체들은 노동자들을 향한 총파업 호소를 전혀 고려하지 않았고, 파업 여부를 민주노총이라는 한 단체의 문제로 치부하고 내버려 둠으로써 노동조합 지도자들의 마음을 불편하지 않게 해 줬다.

그러나 자본가들이 그동안 양보한 개혁마저 다시 빼앗으려 하는 경제 위기 시대에, 그것도 이명박 정부 하에서, 아래로부터의 대중행동이라는 힘에 의존하지 않고 정부로부터 개혁을 얻으려 애쓰는 것은 점점 더 부질없는 일이 될 것이다.

제5장

한국 NGO의 실천과 그 문제들(2)

복지서비스 제공자 NGO

NGO의 주요한 일 가운데 하나는 국가 대신 복지서비스를 제공하는 것이다. 우리 나라 시민단체 가운데 사회서비스 단체는 2006년 현재 19퍼센트를 차지하므로 비중이 그렇게 높은 편은 아니다.[1] 그러나 사회서비스 단체뿐 아니라 다양한 시민단체들도 사회복지서비스 제공자로 일한다. 연세대학교 동서문제연구원이 400여 개 민간단체를 대상으로 조사(2000년)한 것을 보면, 사회서비스 단체로 분류되지 않는 시민단체들 가운데 무려 35퍼센트가 사회복지서비스를 직접 제공하고 있다. 특히 여성단체의 55퍼센트, 소비자단체의 47퍼센트가 사회복지서비스를 직접 제공한다고 답했다.[2] 풀뿌리 수준으로 가면 사회복지서비스를 제공하는 시민단체의 비율은 훨씬 높을 것이다.

시민단체들이 국가 대신 복지서비스 제공에 적극 나선 직접 계기는 IMF 경제 위기였다. 1998년 주요 시민단체들은 거의 모두 실업극복국민운동에 적극 참여해 겨울나기사업, 구호사업, 자활공동체사업, 여성실업자 지원사업, 직업훈련 지원사업 등을 벌였다.[3] 이 운동의 구호는 "실질적인 고통분담", "고난의 상호연대" 등이었고,[4] 민간의 힘으로 빈곤과 실업을 극복한다는 취지로 각 지역 풀뿌리 수준으로 퍼져 나갔다. 처음에 쌀 배급이나 무료급식 같은 구호 사업에 집중됐던 활동은 점차 '일자리 창출'로 옮아갔다. 이 과정에서 많은 NGO들은 정부의 공공근로사업을 민간 위탁받는 일에 적극 참가했다.

여성단체들을 예로 들면, "한국여성단체연합과 회원단체들은 1998년 긴급구호 활동과 공공근로사업을 위탁받아 수행했다. 한국여성단체연합은 여성실직자 문제 해결을 위해 '여성고용대책특별위원회'를 구성하여 공공근로사업에 여성친화적인 사업을 채택하도록 정책을 건의했고, 직접 '방과후 아동지도' 사업을 펼쳤으며, '실직여성가장 겨울나기' 사업, '실직가정결연' 사업 등을 통해 빈곤여성을 위한 지원활동을 전개하였다. …… 정부가 운영하던 업무를 직접 위탁받아 운영하는 경우도 늘어났는데, '일하는 여성의 집'과 '한국성폭력상담소' 등이 그 사례들이다."[5]

NGO 이론가나 활동가들은 이처럼 국가가 하던(또는 해야 할) 복지 업무를 NGO가 싼값으로 제공하는 것에 대해 '빈곤층의 주체화(권력 이양)empowerment'라는 용어를 사용하며 큰 의의를 부여한다. 그들은 마치 형편없는 복지 현실을 미봉책으로 땜질하고 있는 것이 아니라 상황을 호전시키고 있는 것처럼 말한다. 국가의 권력이 민간에 이양되는 긍정적인 변화라고 말이다. 실제로, 사회복지서비스를 제공하는 NGO 활동가들의 다수는 자신이 '빈곤층의 주체화'를 돕는다는 열정과 사명감을 가지고 열악한 조건도 참고 견디며 일한다.

여기에 국가도 시장도 아닌 대안이라는 의미도 부여된다. IMF 위기 이후 일자리 창출 사업에 나섰던 NGO들은 "제3섹터형 일자리"라는 개념을 사용하기도 했는데, "제3섹터"는 북미에서 공공서비스의 대안적 공급자 역할로 주목받은 개념으로, 국가와 시장 사이에 있는 매우 다양한 조직들을 가리키는 말이다. 유럽에서는 제3섹터 대신 흔히 "사회적 경제"라는 용어를 쓴다. 한국에 "제3섹터"라는 개념이 처음 소개된 것은 제러미 리프킨의 ≪노동의 종말≫이 번역된 때라고 하는데, 리프킨은 제3섹터 활성화로 자립적 지역사회를 수립해 시장 세계화에 저항할 수 있다고 주장했다.

그러나 복지 업무의 민간 역할 확대는 국가도 시장도 아닌 대안이라고 보기 어렵다. 현실에서 그것은 신자유주의를 추진하는 정부의 복지 [삭감] 정책과 맞물려 추진됐다. 제3섹터로 분류되는 조직들이 사회서비스를 제공하는 일자리 창출에 나선 것은 국가가 복지를 제공하는 게 부적절하거나 불가능해졌다는 생각을 전제로 한다. 미국과 유럽 모두에서 그랬다. "[제3섹터개] 사회적으로 두드러지기 시작한 것이 바로 1970년대 석유 위기 이후 복지에 대한 책임 주체로서 국가의 역할에 변화가 오기 시작하면서부터이다. 이처럼 국가의 역할에 변화가 오면서 제3섹터로 칭해지는 영역의 조직들이 일자리 창출에 나선다든지, 사회서비스를 제공하는 활동을 하면서 경제 및 복지 영역에서의 '참여'를 확대하기 시작한 것이다."[6]

그래서 정부의 복지 지출을 축소하고 복지에 대한 정부의 책임을 회피하고픈 우파들도 제3섹터를 활용한다. NGO 활동가인 김정원 전주대 교수가 지적하듯이 "제3섹터에 대한 관심이 좌우 모두에게서 나타나고 있다." "좌파는 주로 풀뿌리 조직화와 빈곤층의 주체화empowerment라는 측면에서 제3섹터의 유의미성을 바라보는 반면에, 우파는 정부의 비용 절감이라는 측면에서 제3섹터의 유의미성을 바라본다. 만약 우파의 시선이 지배적일 경우 제3섹터는 민영화 정책의 도구가 되거나, 국가의 규제 철폐를 선도하거나, 이미 획득된 시민들의 복지에 대한 권리를 훼손할 수 있을 것이다."[7]

사실, 김대중 정부와 노무현 정부가 추진한 복지 업무의 민간 역할 확대는 명백히 후자, 즉 정부의 비용 절감이라는 관심에 부합하는 것이었다. 이 두 정부는 복지 확충이 절실히 필요할 때 그런 기대를 한몸에 받으며 출범했지만, 정부가 나서 복지를 제공하기는커녕 "생산적 복지"나 "사회투자국가"처럼 복지국가를 비판하는 논리를 원용하며 사실상 신자유주의 정책을 추진했다. 민간단체들이 사회서비스 제공에 나서도록 만들고, 복지에 시장을 도입했던 것이다.

'제3의 길'의 복지 정책

이런 것들은 대개 영국 신노동당의 복지 개혁을 따른 것이었는데, 앤서니 기든스는 신노동당의 복지 '개혁' 필요성을 이렇게 설명한다. "복지 국가는 종종 그 자체가 문제의 핵심이었는데, 그것은 의존성을 초래하고, 일방적인 분배에만 초점을 두었던 것이다. 결과적으로 복지 국가는 거대한 관료 기구가 되어 사회 문제를 예방적 차원에서 다루기보다 결과에 대한 해결책에 더 치중하게 되었다. 이러한 접근법은 빈곤을 줄이고 소득을 재분배하는 데 실패했음이 입증되었다. 그 결과 빈곤 문제는 사회 정책이 아니라 부의 전반적인 증가를 통해 해결 가능하다는 주장이 제기되었다."[8]

그런데 이와 같은 신노동당의 복지 개혁은 대처 시절에 이미 시작된 복지 국가 공격을 이어받은 것이라고 할 수 있다. "복지 국가의 관료화"와 "복지 의존성"은 복지 국가에 대한 보수주의적 공격의 핵심 논거였다. 대처 정부는 자신의 복지를 위해 돈을 낼 능력이 없는 사람들만이 국가의 원조를 받을 수 있도록 생계 보조나 주택 급여 기준을 강화했다. 이것은 김대중 정부가 이어받은 신노동당의 "생산적 복지", "적극적 복지"의 원조라 할 만한 것이었다. 또, 대처 시대에 이미 "공공 복지의 책임을 국가로부터 사적 영역과 자원봉사 영역 그리고 지역 공동체로 이전하는 여러 복지 개혁을 단행했다."[9]

이런 점에서 페리 앤더슨은 "제3의 길"을 "신자유주의의 최선의 이데올로기적 외피"라고 지적했다. 곧,

시장의 승리를 보증하는 가장 좋은 방법은 서민대중을 위한 복지 관련 기관들을 공격하는 것이 아니라, 경쟁과 연대가 공존할 수 있다고 목소리 높여 외치면서 오히려 그런 기관들을 보존하는 것이다. 정부 정책의 핵심 부분은 레이건-대처의 유산을 더욱 철저하게 추구하는 것, 경우에 따라서는 그 선배들도 감히 시도하지 않았을 조치를 취하면서까지 그 유산을 추구하는 것이다. 그러나 현재 레이건-대처의 유산은 각종 보조금 지급이나 더 부드러운 수사술과 조심스럽게 결합되어 있다. 이제 유럽 전역에 걸쳐 확산되어 있는 이러한 결합의 효과는 선구자 구실을 하는 극우 정권들이 야기할지도 모르는 갈등의 가능성을 억누르는 한편 신자유주의 패권에 대한 반대운동을 더욱 철저하게 말살하려

는 것이다. 대처의 구호인 TINAThere is no alternative(대안이 없다)는 바로 그 말의 정의에 의해서, 대안적 정권이 집권하여 정말로 대안적 정책이 없음을 증명해 보인 다음에야 비로소 완전한 설득력을 갖추게 된다. 유럽 사회주의의 죽음 혹은 뉴딜에 대한 기억의 죽음을 완성하기 위해서는 중도 좌파 정권이 반드시 필요하다. 이런 의미에서 레닌의 "민주공화국은 자본주의의 이상적인 정치적 외피이다"라는 말을 본떠서 말한다면 제3의 길은 현 시기 신자유주의의 최선의 이데올로기적 외피라고 말할 수 있을 것이다.[10]

물론 앤서니 기든스의 "제3의 길"은 ─ 빌 클린턴과 토니 블레어의 이데올로기적 표어였다 ─ 구식 사회민주주의뿐 아니라 신자유주의도 반대한다. 그것은 "전통적 좌파와 우파의 실패를 잘 보여주는 낡은 양극성을 뛰어넘어 좌우 양쪽의 장점들을 포착하는 전향적인 길을 제시하고자 한다." 그러나 알렉스 캘리니코스가 지적하듯이, 제3의 길이 배척한 두 개의 대안 사이에는 비대칭이 존재한다. "(기든스의 용례에서 좁은 의미의)사회주의는 죽었다. 그러나 두 번째 대안인 신자유주의는 아직 시퍼렇게 살아 있다. 민영화, 탈규제, 재정 및 금융상의 안정 등과 같은 소위 '워싱턴 합의'의 내용을 이루는 정책들, 미국 재무부와 국제통화기금에 의해 국제적으로 강제되고 있는 이런 정책들은 1980년대에

레이건과 대처가 주창한 것들이다. 그 이후에 중요한 자유민주주의 국가들에서 신우파가 정권을 잃었지만 그 영향력은 아직도 강하게 남아 있다."

앤서니 기든스의 다음 같은 글을 봐도 제3의 길이 명백히 시장 쪽으로 기울어 있음을 알 수 있다. "좌파의 정체성을 시장의 위험성에 대한 걱정에서 찾아야 한다는 발상, 그 위험성이 지나칠 경우 국가가 여기에 고삐를 채워야 한다는 발상이 있다. 그러나 오늘날에는 이런 발상은 한물간 것이다. 좌파는 이제 시장에 대하여, 부를 창출함에 있어서 기업의 역할에 대하여, 그리고 사적 자본이 사회적 투자에 필수적이라는 사실에 대하여 편안한 마음으로 받아들여야 한다."[11]

집권과 함께 "제3의 길"을 따라간 김대중 정부는 블레어 정부의 노동 연계 복지 프로그램처럼, 일할 능력이 있는 경우 자활 관련 사업에 참여한다는 조건으로 생계비를 지급받도록 했다. 블레어 정부는 노동 연계 복지 프로그램으로 복지 수혜자의 수를 감소시키는 데 성공했는데, 김대중 정부 초기에 제정된 기초생활보장제도 하에서도 까다로운 조건을 충족하지 못해 생계비를 지급받지 못하는 사람들이 속출했다.

무엇보다 이런 조처는 가능하면 많은 사람들이 유급 고용되는 것이 빈곤과 불평등을 줄이는 길이라는 발상에 기초하고 있는데, 이는 잘못된 발상이다. 어려운 처지의 장애인이나 노인처럼 일하기 어려운 경우는 물론이고, 일자리의 성격과 보수 수준에 따라서도 사정이 크게 달라질 수 있다. 노동 연계 복지 프로그램을 추진한 영국 신노동당 정부의 노동부 장관 마거릿 호지도 이렇게 시인한 바 있다. "단순히 사람들을 일자리에 앉히는 것만으로는 충분치 않다. 미국의 예를 볼 때 가난하고 자격요건도 갖추지 못한 사람들을 저임금 일자리에 취업시켜 놓으면 가난에서 벗어나지도 못하고 또 실업자 신세로 되돌아가는 경우가 많다는 사실을 보여주는 증거가 늘어나고 있다. 이러한 사실은 최근 영국의 나홀로 부모들에 대한 연구에서도 확인되고 있다."[12]

'사회투자국가' ─ 복지에 시장을 도입하다

김대중 정부에 이어 "제3의 길"을 채택한 노무현 정부가 "사회투자국가" 개념을 주창하며 교육과 훈련을 통한 개인들의 시장 적응 능력 향상을 더욱 강조한 것은 위와 같은 문제점을 나름대로 고려한 결과였을 것이다. 노무현 정부의 국가 발전 전략인 "함께 가는 희망 한국 비전 2030"(이하 비전 2030)은 "선도적 세계화"와 함께 "인적자원 개발"을 매우 강조한다. 노무현 정부의 보건복지부 장관이었던 유시민은 사회투자국가론을 주창한 ≪대한민국개조론≫에서 "비전 2030"을 설명하는 절의 제목을 "사람이 희망이다"라고 붙였다("사람이 희망이다"는 창조한국당 문국현의 구호이기도 하다). "사람이 희망이다"라는 말은 훈훈하게 들리지만 속 내용을 들여다보면 오싹할 정도의 의미를 담고 있다. 유시민은 이렇게 말한다. "지구촌을 무대로 경쟁하는 주체는 물질이 아니라 사람입니다. …… 더 많은 국민이 일하도록 해야 합니다. 되도록 젊은 나이에 일을 시작하고, 나이가 많아도 되도록 오래오래 일하도록 해야 합니다. 경쟁에서 한 번 실패하거나 탈락한 사람에게 다시 도전할 기회를 주어야 합니다."[13]

즉, 국가가 시장의 낙오자들에게 사후적으로 소득을 보장해주는 대신 인적 자원에 투자해 시장의 승리자가 되도록 도와주는 복지를 제공하겠다는 것이다. 이처럼 유시민은 결과의 평등이 아니라 기회의 평등을 강조하는데("제3의 길" 이데올로그들은 '결과의 평등'을 구좌파와 연결지어 비판한다), 길게 생각하지 않아도 몇 가지 반박이 떠오른다. 우선, 오늘날 한국 교육이 기회의 평등을 제공하는 것으로 보이지 않는다는 것이다. 오히려 교육은 경제적 불평등을 반영하고 굳히는 경향이 있다. 2009학년도 입시에서 서울대 합격자 가운데 약 40퍼센트가 서울 출신이고, 서울 출신 합격자 10명 중 7명은 '교육특구'라고 부르는 4개구(강남·서초·송파·양천구) 출신이거나 특목고 학생이었다. 4개구 출신 서울대 입학자 비율은 2000년 이후 점점 높아지고 있다.[14]

둘째, "기회의 평등"은 불평등을 해소하지 못했다. "제3의 길" 복지 정책 시행으로 불평등은 오히려 심해졌다. 상위 20퍼센트의 소득을 하위 20퍼센트의 소득으로 나눈 비율이 1990년대에는 5배 미만이었는데, 노무현 정부 초기에는 5.43배로 증가했고 노무현 정부가 임기를 마친 직후에는 8.41배로 치솟았다. 유시민은 너무 뒤늦게 정책이 실행돼 성과를 거두지 못한 게 아쉬울 뿐이라는 투로 말하지만, 사회투자국가가 실행된 지 10년이 지난 영국도 마찬가지로 "빈곤 문제 해결엔 큰 진전이 없고 불평등은 오히려 중대했다."[16]

이것은 사회투자국가가 과세와 지출 대신 사회투자를 강조하는 것, 즉 복지 정책도 경제적 수익 논리에 종속시킨 결과라고 할 수 있다. "사회적 배제"라는 개념이 낳은 효과도 살펴봐야 한다. "사회적 배제"는 불평등을 초래하는 새로운 원인을 지적하기 위해 사용된 말로, 그 핵심은 오늘날 불평등이 빈부격차 중대 문제가 아니라는 생각이다. 노무현 정부 안팎에도 사회 양극화 시대에는 복지 개념이 바뀌어야 한다며 "사회적 배제" 개념을 수용한 인사들이 많았다. "우리 사회의 중심적인 문제가 소득 불평등을 넘어 소득 양극화로 진행되고 있다. …… 소득 불평등을 해소하기 위해서는 소득 재분배 정책이 효과적일 수 있겠지만, 양극화의 문제는 조금 다른 접근이 필요하다."[17] 그런데 현대 사회에서는 빈곤층만 배제되는 게 아니라는 논리는 결국 미국과 영국에서 모두 빈곤층 지원 삭감으로 이어졌다.

셋째, 이처럼 "기회의 평등"은 결코 불평등을 없애지 못하면서 오히려 불평등을 정당화하는 구실을 한다. "기회의 평등"이 주어졌음에도 다른 사람보다 못한 결과가 나온다면 이제 누구든 그 "결과의 불평등"을 달게 받아들여야 한다. 그것은 개인의 책임이다. 그래서 유시민은 이런 사람들에 대해 "좀 야박해 보이긴 하지만 혜택을 제한할 필요가 있다"고 말한다.[18] 이제 복지 혜택을 상실한 사람들의 어려움은 외면당한다.

유시민은 "삶의 주인은 자기 자신입니다. 대한민국의 주인은 국민 개개인입니다"[18] 하고 얼핏 들으면 훈훈한 말을 또 한다. 그런데 이것은 개인의 책임이나 의무를 강조하는 말로, "사회서비스 시장화 전략"의 정당화로 이어진다. "공공성이라는 이름 아래 개인의 책임성을 약화시키고 정부의 역할을 무작정 키우는 정책을 고집해서는 안 된다고 생각합니다." 즉, "국가 재정 투자를 대폭 확대하고 국가가 직접 사람을 고용해 서비스를 공급하는 기존의 사업 방식을 버려야 한다"는 것이다. 그의 대안은 "민간 공급자와 시장의 힘을 최대한 활용하는 것"이다.[19] 그도 사회서비스 공급자 간 치열한 경쟁을 도입하고 규제를 완화하는 것이 "보수정책"임을 인정한다. 그러면서 검은 고양이든 흰 고양이든 사회서비스 일자리만 잘 만들고 국민을 행복하게 하면 그만이지 않느냐고 한다.

그러나 잘 알려져 있듯이 그동안 창출된 사회서비스 일자리는 대부분 저임금 비정규직의 덫에서 벗어나지 못했다. 2007년 현재 사회서비스 일자리의 평균 임금은 연간 644만 원 정도로, 지방정부나 기업의 추가 보조를 감안하더라도 평균 임금은 최저임금을 약간 넘는 월 77만 원 수준이다. 노인 일자리 지원 사업의 경우 급여가 월 20만~30만 원 수준이다. 고용기간도 1년 이내로 고용 불안정성도 문제다. 그러다 보니 서비스의 질도 뒷받침되지 못한다. 규제완화도 서비스 질 저하를 부르는 요인이다. 유시민은 의사가 아니면 의료기관을 개설할 수 없는 규제가 문제라며, 보건소 업무를 민간에 위탁할 수 있다는 규정을 이용해 이런 규제를 우회한 방문 간호 사업을 사례로 든다. 사회복지 서비스의 질이 낮아지고 서비스 노동자의 노동조건이 악화한 상황을 보면 복지의 시장화가 국민을 행복하게 했다고 말할 수는 없을 것이다.

사회적 기업 ― 시장과 정의는 공존할 수 있는가?

노무현 정부는 사회서비스 일자리 창출을 위해 사회적 기업을 적극 육성했다(이명박 정부도 사회적 기업 육성을 새 정부의 "100대 국정과제"로 채택했다). '사회적 기업'은 수익을 내야 한다는 점에서 여느 기업과 같고, 빈곤층에게 일자리나 사회서비스를 제공한다는 점에서는 여느 기업과 다르다. 이 점이 '사회적'이라는 수식어가 붙은 이유다. 이런 의미의 '사회적 기업'은 유럽에서 처음 등장했는데, 복지제도의 일부를 민간에 넘겨 정부의 부담을 줄이고 정부가 서비스와 일자리를 제공하지 못하는 사각지대에도 이를 제공한다는 취지였다. 우리 나라에서 정부가 사회적 기업 육성을 정책으로 표면화한 것은 2004년 사회적 일자리 창출 사업부터라고 할 수 있지만, 1999~2000년의 공공근로 민간위탁사업이나 그 뒤 자활근로사업도 사회적 기업과 관련한 정책이었다고 할 수 있다.

사회적 기업은 복지 공급에 시장을 도입하려는 정부와 '빈곤층의 주체화'를 추구하는 NGO가 만나는 지점이다. 김대중-노무현 정부는 "2000년 자활지원 사업, 2003년 사회적 일자리사업, 2006년 사회서비스 공급 확충 사업 등을 통해 시민단체들을 공급자로 육성해 왔"고,[20] NGO들도 이에 적극 호응해 왔다. NGO들은 IMF 이후 자활 후견기관들을 위탁받아 운영했다. "생활보호가 필요한 사람들에게 소모적인 생계급여를 나눠줄 것이 아니라 일자리를 만들어 생산적 지원"을 하자는 NGO의 취지[21]는 김대중 정부의 "생산적 복지"(노동연계복지) 정책과 맞물렸다(앞에서 다소 길게 제3의 길의 "사회투자국가"를 다룬 이유는 상당수 NGO 활동가들이 기든스의 문제의식을 받아들이기 때문이다).

공공근로사업에 참여하면서 안정적인 일자리의 필요성을 느낀 시민단체들은 "1990년대 이후 유럽에서 활성화된 사회적 경제 및 사회적 기업에 대한 논의에 주목했다."[22] "2000년 국민기초생활보장법에 근거해 정부의 자활사업을 계기로 만들어지고 성장한 기업들"이 한국 최초의 사회적 기업이라고 할 수 있는데, "그 가운데 일부는 1990년대 소위 달동네를 중심으로 활발히 일어났던 빈민운동의 하나인 생산공동체에 뿌리를 두고 있다."[23] 이런 맥락에서 사회적 기업의 주창자들은 그 의의로 "저소득 소외계층의 자활·자립"을 강조한다.

사회적 기업 주창자이자 이론가인 정선희는 "사회적 기업은 자립과 자존을 회복하기 위한 새로운 패러다임의 연장선상에 놓여 있는 개념"이라고 한다. "저소득 소외계층의 자립이라는 사회적 사명을 비즈니스 활동과 통합시킨다"는 것이다. 여기서 "자활·자립"은 정부 보조금에 기대지 않는다는 뜻이다. "이들의 눈물은 과거에 흘리던 눈물과 분명 다르다. 지금은 정부 보조금에 의존해 가족의 생계를 유지해야 하는 이전의 모습이 아니다. …… 기업의 성과에 자부심을 느끼면서 …… 삶의 역경을 극복한 사람들에게는 이렇듯 진한 향기와 감동을 느끼게 되는 법인가 보다."[24]

누구나 자기 삶을 스스로 통제할 수 있기를 소망한다. 그러나 정부 보조금에 기대지 않으면 스스로 삶을 통제하게 되는 것일까? 사회적 기업의 일자리는 보수도 높지 않고 불안정해 삶의 질 향상에는 한참 못 미치는 게 현실이다. 또, 사회적 기업도 기업이므로 수익성 압력을 받지 않을 수 없다. "이미 협동조합들이 생존을 위해 고유의 사회적 가치를 지속적으로 축소해왔던 사례가 존재하듯이, 사회적 기업 역시 이러한 사례가 되지 않으리라는 보장이 없[다.]"[25] 이와 같은 시장의 압력 한가운데서 개인들이 온전히 자기 삶을 통제한다고 말하기는 힘들 것이다.

게다가 사회적 기업이 복지 공급의 일부를 담당하면서 국가는 점점 더 복지 공급에 대한 책임과 역할을 축소할 수 있다. 또, "사회적 기업은 탈상품화를 목적으로 하는 복지가 재상품화되는 데 기여할 가능성이 크다."[26] 사회서비스 시장화가 확대되면서 노인장기요양 보험제도나 사회복지서비스 이용권 사업 등에서는 영리단체 참여가 이미 급속히 확대되고 있다. 이렇게 되면 사람들의 삶은 시장에 더욱 종속돼 파괴적 결과를 맞이할 것이다.

권위주의적인 국가의 통제에서 벗어나 공동체 속에서 자립과 자존을 회복하고자 하는 NGO 활동가들의 이상은 충분히 공감할 만하다. 하지만 사회적 기업이라는 대안은 아주 근본적이고 현실적인 물음을 피할 수 없다. 과연 그런 공동체가 자유기업 모델과 조화될 수 있는가, 과연 정의와 평등이라는 가치가 시장경제와 양립할 수 있는가 하는 물음이다. 대답은 매우 부정적이다. 우선, 시장경제에서 개인들은 이익에 평등하게 접근할 수 없다. 자원에 대한 접근과 부와 소득의 분배가 매우 불평등하기 때문이다. 이런 조건에서 사회 정의는 불가능하다. 또, 개인들의 삶은 시장의 동요에 크게 영향을 받지만, 보통 사람들은 자신의 삶에 영향을 주는 중요한 경제 문제들에 대해 결정할 권리가 없다.

물론 수익도 공평하게 분배하고 의사 결정도 민주적으로 하는 선의의 기업이 있을 수 있다. 그러나 이런 기업도 시장경제의 경쟁 압력에서 결코 자유로울 수 없다. 살아남기 위해 생산성을 높이고 비용을 줄이려 노력하다 보면 이것이 기업 내부 운영에도 영향을 미칠 수 있다. 경영 효율을 제고하기 위한 위계 구조가 발전하는 식으로 말이다. 이런 점에서 봤을 때 사회적 기업에 대한 NGO의 순박한 기대는 의도치 않게 자유기업 모델이 빈곤과 불평등의 해결책인 것처럼 암시하고 무정한 복지의 시장화를 그럴 듯하게 포장해 주는 문제점이 있다.

NGO가 공유하는 신자유주의적 가정

사회적 기업이 복지 공급에 시장을 도입하려는 정부 정책과 빈곤층의 주체화를 추구하는 NGO가 만나는 지점이기는 하지만, 사회적 기업에 대한 둘의 상이 완전히 일치하는 것은 아니다. 노동부가 사회적 기업의 사회서비스 확충과 재정 자립에 강조점을 둔다면, 빈민운동을 해온 NGO들은 사회적 기업이 "취약 계층의 사회적 배제 극복"에 기여하기를 바라며 정부의 재정 지원을 강조하는 입장이다. 그럼에도 이런 활동을 하는 NGO들이 정부의 과세와 복지 지출을 강조하기보다 정부가 민간단체에 복지 공급을 넘기는 것을 더 선호한다는 점만큼은 분명하다.

신자유주의의 피해자들인 빈곤층의 고통을 덜어 주려고 풀뿌리 수준에서 애쓰는 NGO 활동가들의 눈물겨운 봉사가 신자유주의적 복지 정책과 맞물려 있다는 것은 상상하기 힘든(또는 싫은) 일이다. 이들은 자신이 어떤 이론을 바탕으로 활동하는 것은 아니라고 생각할지 모른다. 그러나 NGO 활동의 방향을 제시하는 NGO 이론가들은 대개 세계화로 국민국가가 약해졌고 더는 국가가 빈곤층에게 복지서비스를 제공할 수 없다는 신자유주의 가정을 받아들인다.

2008년 10월 시민사회단체연대회의가 주최한 토론회("이명박 정부와 거버넌스")에서 박상필 교수는 "시장 실패 이후 정부는 시장에 개입하여 복지사회를 이룩하려고 하였으나, 오히려 더 나쁜 결과를 초래하거나 시민이 원하는 다양한 욕구를 총족시키는 데 한계에 부딪히게 되었다"(관료주의, 강제성 등)고 주장했다.[27] 그러나 서유럽의 복지국가가 실패한 것은 서유럽 정부들이 신자유주의 정책을 도입하면서 복지 지출을 대폭 축소한 결과였다. 박상필 교수는 정부와 비영리단체의 협력을 대안으로 제시한다. 현대 사회에서 공공서비스를 제공하는 정부의 구실이 중요하지만, "정부가 해결하기에는 비용이 많이 들고 때로는 부적절하기도 하"므로, "정부 기능을 확대하지 않고 시민의 복지서비스 욕구를 충족하기 위해 정부는 각종 비영리단체와 협력할 필요가 있다."

"NGO도 그 중의 하나이다."

이 주장은 "미래의 정부"라는 OECD 보고서와 아주 흡사하다. 이 보고서는 "정부는 더 이상 공공서비스를 독점할 수 없고", "정부는 많은 행위자들 가운데 하나에 지나지 않으며", "정부는 다른 주요 행위자들과 정책 결정 조정을 해야 한다"며 새로운 거버넌스 도입을 강조한다.[28] 이런 보고서를 참고하지 않더라도 복지 지출을 줄여 세금 부담을 피하고 싶은 기업인·은행가·부유층이 값싼 복지를 제공하는 NGO의 구실을 반길 것이라는 점은 명백하다. 그러나 우리는 물어야 한다. 신자유주의 전도사였던 미국과 영국 정부가 은행과 기업을 구제하려고 돈을 쏟아붓는 요즘, 왜 국가가 빈곤층의 복지를 위해 돈을 쏟아부어서는 안 되는가?

지난번 경제 위기(IMF 위기)는 NGO들이 복지서비스 제공을 증대한 계기였다. 이제 당시보다 더 심각한 경제 위기에 직면해, 우리는 중대한 물음을 던지지 않을 수 없다. 지금의 경제 위기에 대해, 그것이 낳는 실업과 빈곤에 어떻게 대처할 것인가? 또다시 실업극복국민운동처럼 국민적 모금 운동을 하고, 국가를 대신해 실업자와 빈곤층에 복지를 제공하는 방식으로 위기에 대처할 것인가? 그것이 지난번 위기 이후 한국 사회를 더 나은 곳으로 만들었는가?

그 답이 그다지 긍정적이지 않은데도 사회적 기업을 "대안적 경제"라고 여기는 흐름은 NGO 안팎에서 근래에 더 강화돼 온 듯하다. 최근에 가장 눈에 두드러지는 사회적 기업 주창자는 박원순 변호사다. 그가 이끄는 희망제작소는 우리 나라 NGO 가운데 가장 선도적으로 사회적 기업을 주창하는 단체로, 산하에 소기업발전소와 커뮤니티비즈니스연구소를 두고 "사회적 기업을 창업하고 성장하는 것을 돕고 있[다.]" 박원순 변호사는 "창조적 아이디어로 무장한 소기업을 활성화해야 한다"며 이것이 위기에 빠진 경제의 대안이라고 강조한다.

박원순 변호사는 공익을 기업적 방식으로 실현할 수 있다고 여기며, 창의성을 곧 '기업가 정신'과 등치시킨다. 그러나 자본주의 기업가 정신은 이윤 추구이지, 사회 발전을 위한 창의성과는 관계가 없다. 오히려 자본주의 기업에는 낭비와 비효율이 번성하며, 수십 년 동안 시장 점유에 성공해 기술혁신을 소홀히 하는 일도 흔하다. 게다가 어떤 기업(인)도 자본주의 논리를 초월할 수는 없다. 마르크스가 지적했듯이 자본은 관계이지 물物이 아니다. 자본은 어느 누구도 통제할 수 없는 경쟁적 축적의 비인격적 구조다. 기업으로 존속하고자 하는 한 각 행위자들은 이 관계의 지배를 받게 된다.

박원순 변호사는 "솔직히 말해서 청년들의 실업을 이해할 수 없다"며 "그야말로 당신 자신이 보스가 되라"고 창업을 권한다. 그러나 막 창업한 소기업은 심각한 경제 위기 상황에서 취약성을 드러내며 도산 위기에 빠질 수 있다. 무엇보다 이런 대안은 수백만 청년 실업의 진정한 해결책이 될 수 없을 뿐 아니라 실업을 양산하는 체제 자체의 문제를 외면하고 정부의 책임을 면제해 주는 구실을 한다.

아래로부터의 복지? 아래로부터의 투쟁?

바로 이 점이 되풀이해서는 안 되는 오류다. 지난 시기 권위주의적 국가 통제("관치")를 축소하려는 NGO들의 요구가 신자유주의에 뒷문을 열어 놓는 효과를 냈다는 문제점을 기억해야 한다. IMF 경제 위기 시기에 NGO들은 김대중 정부의 재벌 개혁, 금융 개혁, 공기업 '민영화' 등을 지지하는 한편, 정리해고에 반대하는 노동자 생존권 투쟁을 방관한 면이 있다. 당시에 조희연 교수는 개혁을 위해 "한국 경제의 신자유주의적 재편을 요구하는 IMF의 압력을 활용"해야 한다고까지 주장했다.[29]

그런데 몇 년 뒤 그는 NGO들이 개혁을 지지하다 신자유주의 개혁의 들러리가 돼서는 안 된다고 의미심장하게 경고하는 입장에 섰다. "[그동안] 민주정부가 반개혁 세력과 대치하면서 어렵게 제한된 개혁이라도 수행하도록 추동하여야 한다고 믿고 운동을 전개하여 왔다. 그러나 그것은 일면만 보는 것이다. 물론 개혁 대 반개혁의 대결 구조는 여전히 존재하고 있다. 그러나 개혁의 사회화를 둘러싼 압력과 싸움을 강화하지 않을 때 시민운동은 이른바 자율적인 '신자유주의적 개혁'의 들러리가 될 수 있다. 이런 점에서 향후 시민운동의 기조에 의미 있는 전환이 나타나야 한다."[30]

물론 NGO가 저소득 소외계층을 외면했다는 것은 아니다. NGO는 나름의 방식대로(비록 앞서 다뤘듯이 문제는 있지만), 국가를 대신해 실업자와 빈곤층에 복지를 제공하고 그들이 취업이나 창업을 통해 자립할 수 있도록 도왔다. 역설이게도, 가장 가난한 사람들을 보호하는 데만 주목하는 것이 NGO 방식의 약점일 수 있다. 정부가 경제 위기의 대가를 노동자와 빈곤층에 떠넘기려 하는 데 맞서 투쟁할 수 있는 힘을 가진 세력에 주목하는 것이 중요하기 때문이다.

이런 잠재력을 가진 집단은 노동자들이다. 이들을 위해 대신 복지를 제공하는 게 아니라, 이들 <u>스스로</u> 투쟁하고 스스로 조직하도록 돕는 게 진정 "자립"을 돕는 길 아닐까? 비용 감축을 추구하는 정부가 위로부터 알아서 복지를 선사하지는 않을 것이다. 그러나 우리가 '아래로부터' 복지를 자체 해결하는 것은 정부의 책임을 면제해 주는 것이다. 우리가 아래로부터 투쟁을 통해 정부가 부자들에게 세금을 매기고 노동자들의 일자리를 보장하며 복지를 확충하게 만드는 것, 이것이 바로 자립으로 가는 길이다. 물론 진정한 자립, 진정한 임파워먼트는 자본주의를 극복하는 것을 통해 비로소 가능하겠지만 말이다.

경제 위기 시대에는 정부와 기업의 양보를 강제할 수 있는 힘을 가진 노동자 투쟁에 주목하는 것이 어느 때보다 중요하다. 어느 기업(SK텔레콤) 광고는 "당신의 힘으로는 세상의 전쟁도, 지구 온난화도, 인류의 가난도 끝낼 수 없지만, 선재[결식 아동]의 배고픈 점심시간은 끝낼 수 있다"며 기부가 이 야만의 시대에 우리가 할 수 있는 최선인 것처럼 말한다. 물론 배고픈 선재를 돕기 위해 지금 당장 십시일반이라도 하자는 데 많은 사람들이 공감할 것이다. 그러나 문제는 그것이 진정한 해결책이 될 수 없다는 것이다. 빈곤의 구조적 원인을 그대로 둔다면 수많은 선재가 계속 양산될 것이기 때문이다. 그래서 10여 년 전 경제 위기의 고통을 나누려 했던 국민적 모금은 빈곤 심화를 결코 막지 못했다. 그리고 정부는 기부와 자원 봉사를 칭송하며 정부의 복지서비스 책임을 회피해 왔다.

고통분담에 따른 '빈곤 이양'이 아니라 진정한 '권력 이양'을 원한다면 노동자·민중 자신의 대중행동을 강화하는 데 힘을 쏟아야 한다. 그럴 때 우리는 전쟁도, 지구 온난화도, 빈곤도 끝낼 수 있는 잠재력을 현실화할 수 있다.

거버넌스와 재정 의존의 사슬

NGO의 서비스 제공자 구실은 NGO의 다른 주요 활동인 대변형 활동과 모순된다. 대변형 활동은 정부에 압력을 넣어 개혁을 강제하려는 운동인 반면 서비스 제공자 구실은 정부의 역할 축소를 전제로 한다. 또, 대변형 활동은 원칙상(현실은 다를지라도) 독립적 비판자 구실을 강조하고, 서비스 제공 활동은 원칙상 정부(그리고 기업)와 협력하는 것을 강조한다.

그래서 박원순 변호사는 전자의 활동에 대해 말할 때 "사람들이 시민단체에 기대하는 역할은 제3자적 감시자, 객관적 비판자다. 만약 시민단체가 정부와 연대하는 모습을 보인다면 정치적 견해를 달리하는 사람들은 그 시민단체를 불신하거나 백안시할 것"이라고 했다. 반면, 최근에는 사회적 기업에 관심을 기울이면서 NGO와 정부·기업의 "협력"·"보완"·"융합"을 강조한다. "정부와 기업과 민간단체의 경계를 허물어야 한다"고까지 말한다. "과거에 비정부 단체들은 정부와의 견제와 비판의 관계가 강했던 것에 비하면 지금은 한편으로 기업과의 관계에 있어서, 기업의 투명성이나 굿 거버넌스를 위해서 일하는 것이 중요한데 상대적으로 우리 나라에서는 적은 게 사실이다. 서로 융합하는 관계도 있다. 정부의 기능을 단체들이 위탁받아서 하는 경우가 많아지고도 있다. 사회복지 단체같이 국가의 기능을 보완하거나 대체하는 경우가 있지 않나? 일본과 같은 경우에도 가보니까 많은 지방정부들이 어떻게 하면 민간단체에 업무를 위임하고 효과적으로 감독할지 고민하고 있었다."[31]

그런데 다수 NGO가 대변형 활동과 서비스 제공 활동을 병행하는 상황에서, 과연 오전에 "융합"했다가 오후에는 감시자·비판자가 되는 게 가능할까? 적잖은 사람들은 NGO들이 "실업극복운동 등을 펼치면서 정부와 대립적 위치에 서 있던 자리를 벗어나 협조적 파트너십을 형성해 가고 있다"고 평가한다.[32] 예를 들어, 여성단체들은 "90년대 중반 이후 점차 국가의 서비스 기관으로 변형되고 있다"고 자평하기도 한다. "정부의 프로젝트 및 위탁사업 수행 비율[이] 증대"됨에 따라 "여성운동은 이전에 비해 교육과 상담, 직업훈련과 같은 고객주의를 지향하는 서비스의 기능을 강화하게 되었다"는 것이다. 요컨대 "여성단체의 활동은 운동적 실천에서 서비스 업무로 변화되고 있다."

이런 변화는 당연히 NGO 활동가들이 하는 일에도 변화를 가져왔다. "국가 프로젝트 참여 및 서비스 사업 수행이 증대하면서 여성 운동가들의 일상 업무 역시 달라졌다. 이들은 정부 지원을 받는 사업부의 평가를 받거나 보고서를 작성하는 등의 일에 많은 시간을 보내는 실무자가 되어 갔다. 창의적이고 열정적이며 새로운 활동을 기획하고 추진해야 할 활동가들이 위에서 시키는 대로 일상 업무를 수행하는 정부 기관의 서비스 제공 공무원들이 되고 있는 것이다."[33]

이런 종류의 일을 하다 보면 NGO 활동가들은 정치적 동기를 잃기 쉽다. NGO가 사람을 구할 때도 정치적 동기와 열정보다는 아예 전문적 능력을 더 보게 되고, NGO에서 일자리를 구하는 사람들도 사명감보다는 봉급이 괜찮은 직업으로 여기는 일이 비일비재해진다. 이것은 NGO의 관료화를 낳을 수 있다. YMCA에서 10년 동안 시민운동을 해 온 이필구 씨의 지적은 이런 상황에 대한 활동가들의 고민을 선명히 드러낸다. "이대로 갔을 때 [시민운동이] 말 그대로 사회써비스 정도 하는, 국가가 해야 하는 써비스 맡아서 해 주는 정도로 전락하지 않을까 하는 고민도 있어요."[34]

이런 일들은 국가의 재정 지원 문제와 밀접하게 맞물려 있다. 김대중 정부는 복지서비스의 효율적 공급을 위해 '비영리단체지원법'(2000)을 제정해, 복지 NGO를 비롯한 비영리단체 지원을 추진했다. 연간 150억 원 규모의 예산이 시민단체 공모사업에 투입됐다. 사회서비스를 제공하는 NGO는 "정부의 역할을 보완하는 만큼 정부나 기업의 재정지원[을] 자연스"[35]럽게 여기는 경향이 있고, 그러다 보니 다른 NGO들도 점차 정부의 재정 지원을 별 문제의식 없이 받아들이며 둔감해진 듯하다.

여러 설문 조사를 보면 NGO는 재정난에 허덕이는 만큼 대부분 정부 지원을 원한다. 우리 나라 NGO의 재정 자립도가 다른 나라에 비해 월등히 높다고는 하지만, NGO의 재정 수입 가운데 25퍼센트 가까이가 정부 지원이다. 기업 후원 비율도 무시하지 못할 정도다. "많은 비영리 조직이 기업으로부터 프로젝트를 수주 받고 있으며, 특히 사회서비스의 공급을 주요 활동으로 하는 비영리 조직들에 기업의 후원은 매우 중요한 부분이 되고 있다."[36] 사회적 기업의 경우 대기업과의 파트너십을 통해 안정된 시장을 보장받기도 한다.

그런데 문제는 '돈줄'이 활동 방향에 영향을 미치지 않을 수 없다는 점이다. 안병옥 전 환경운동연합 사무총장은 "어떤 프로젝트를 하느냐 안 하느냐가 중요한 게 아니라 프로젝트를 하면서 자기 정체성을 잃고 있느냐인데, 걱정되는 점은 있[다]"고 인정한다. 그런 일을 하다 보면 "시급하고 중요한 문제를 할 수 있는 여력이 없[다]"는 것이다. 오성규 환경정의 사무총장 역시 "프로젝트 중심의 사업은 …… 활동가들로 하여금 불필요한 곳에 시간과 정열을 쏟게 만드는 한계가 있다고 지적"한다.[37]

또, "기업 후원의 덩치가 워낙 크다 보니, 조직 본연의 비전이나 미션과는 상관없이 후원이나 위탁사업에 맞는 일회성 사업을 진행하는 비영리 조직이 늘어나"고 있다. 그 결과 많은 NGO들은 신년 초에 계획한 주요 사업을 제대로 집행하지 못하고 있다. 조사 결과 49.6퍼센트가 그렇게 답했다.[38]

정부에 대한 재정 의존은 NGO 간 경쟁을 낳기도 한다. "여성단체들은 정부의 재정지원을 받기 위해 불필요한 경쟁을 하기도 했으며, 프로젝트를 따는 과정에서 운동단체의 힘을 소진하는 측면이 있었다"고 평가했다. 여성단체 임원과 실무자를 대상으로 한 조사를 보면 "11.7 퍼센트가 여성단체들이 서로 경쟁 관계에

있다고 응답했다."[39] 최근에 비영리단체들은 무려 66퍼센트가
"위탁사업의 경쟁 심화"가 일어나고 있다고 답했다.[40] '경쟁'은
재정을 대는 집단 — 정부 또는 기업 — 의 눈에 들도록 변해야
한다는 압력일 수밖에 없다.

돈 주는 정부와 기업을 제대로 감시할 수 있는가?

무엇보다, 정부에 재정을 의존하면서 정부가 의지를 가지고 추진
하는 정책에 반대할 수 있는가 하는 문제가 있다. 예를 들어, 이
명박 정부는 재정 지원이라는 '돈줄'을 무기로 촛불시위에 참가한
NGO들을 위협하는데, 정부 지원에 크게 의존하는 큰 단체에게
이것은 '생존'이 걸린 실질적 위협일 수밖에 없다. 이명박 정부의
압력이 전에 없이 강경한 것은 사실이지만, '돈줄'을 무기로 NGO
를 통제하려 드는 게 처음은 아니다. 노무현 정부는 2006년 11월
전국 각 시·도에 '지방자치단체의 민간(사회단체) 보조금 지원
관련 유의 사항' 공문을 보내 한미FTA 등 국책 사업에 반대하는
시민사회단체들에 대한 보조금 지원을 중단하도록 지시했다. 그
래서 "FTA 반대 운동에 자기 이름을 썼다가 뺀 단체들도 있[었
다.]" 구청에서 돈을 받아 활동가 상근비를 지급해 온 단체들은
당장 활동가를 잘라야 하는 판국이었다.

　기업과의 관계에서도 마찬가지 일이 벌어질 수 있다. "만약

일반 기업이 한쪽에서는 비정규직을 확대시켜나가면서 다른 쪽에서는 기업사회공헌 활동의 하나로 사회적 기업과 긴밀한 관계를 맺어가는 것은 자칫 노동시장에서 기업의 역할에 면죄부로 작용할 가능성이 크다. 게다가 또 하나의 딜레마는 사회적 기업이 어떤 기업과 대립적인 관계에 있다면, 기업의 지원을 끌어들이기 쉽지 않을 것이다. 이는 근본적으로 사회적 기업이 시민사회 진영의 실천이라 한다면, 기업과 협력이 강조되면서 비판과 감시는 줄어드는 그런 효과를 낳을 수 있음을 의미한다.”[41]

이런 마당에 상당수 NGO 지도자들이 ‘정부나 기업의 돈을 받는다고 해서 우리가 내야 할 목소리를 내지 못하거나 남의 눈치를 보는 일은 없다’고 말하는 것은 강변이거나 무기력한 당위론으로밖에 들리지 않는다. 남의 돈 무서운 줄 아는 보통 사람들은 정부나 기업에게 돈을 받으면서 정부와 기업 권력을 제대로 감시할 수 있을까 하는 근본적 의문이 들 수밖에 없다.

예를 들어, 2000년에 경실련이 공기업들에 후원금을 요구한 것이 폭로됐는데, 당시 경실련은 공기업 상태를 진단하려고 공기업들에 정보공개를 청구한 상태였다. 이 사건으로 NGO의 도덕성과 신뢰에 의구심이 일었다. 2005년에 환경운동연합의 에코 생협이 한국수력원자력과 포스코 등에 친환경 손전등을 판매한 사실이 알려진 것도 마찬가지 효과를 냈다. 한국수력원자력은 핵에너지 정책의 추진자이고 2003년 부안 방폐장 건설의 주요 이해당사자로, 환경운동연합의 주요 감시 대상일 텐데 그로부터 돈을 끌어 오려 했기 때문이다. 주요 NGO들이 사회적으로 지탄을 받는 삼성이나 포스코 등 대기업의 후원을 받아 각종 사업을 진행하는가 하면, '후원의 밤' 행사에서 공공연히 정부 관계자나 기업주의 후원을 받고 '친밀한' 관계를 유지하는 모습은 불신을 살 수밖에 없다.

물론 우리는 부패한 정부와 기업과 보수 언론이 NGO와 그 지도자들의 도덕적 정당성을 훼손하려고 이런 사실을 위선적으로 악용하는 것에 먼저 반대해야 한다. 정부가 돈줄을 무기로 NGO를 길들이겠다는 발상, 기업이 돈을 무기로 치부를 가려 보겠다는 발상 자체가 얼마나 추잡한가.

그러나 정부와 기업에 재정을 의존하고 그와 관련된 관행들이 지속되면서 NGO의 독립성을 훼손하고, NGO의 권력 감시를 지지해 온 사람들 사이에서마저 환멸을 불러일으켜 온 것은 부인할 수 없는 사실이다. 이에 대한 근본적인 대안 마련이 필요하다. 그것은 시민사회단체연대회의가 해결 방안으로 내놓은 것처럼 'NGO의 회계 처리 능력 배양'으로 해소될 문제가 아니다. 진정한 독립성을 뒷받침할 수 있도록 NGO의 활동 방향과 재정 충당 방식의 근본적 변화가 필요하다.

풀뿌리 운동이 대안인가?

최근에 NGO들 사이에서 가장 조명받는 운동 형태는 풀뿌리 운동 또는 풀뿌리 자치운동이다. 공동체생협, 의료생협, 지역복지 운동, 마을만들기, 지역화폐운동 등이 여기에 해당한다.

풀뿌리 운동이 최근에 특히 주목받는 이유는 시민단체들이 그것을 시민운동 위기의 대안으로 여기기 때문이다. 풀뿌리 운동을 주창하는 사람들은 시민 없는 시민운동, 전문가 중심 운동, 미디어 의존 등과 같은 대규모 중앙 시민단체들의 문제점을 날카롭게 지적한다. "최근에 이야기되는 '운동 위기'는 운동의 주체를 형성하는 데에 초점을 두기보다, 단기적 성과를 내려고 하거나 제도 및 시스템을 변화시키는 것에 초점을 둔 것에서부터 시작되었다고 볼 수 있다. 항상 기성 권력과 운동의 접점을 형성함으로써 권력으로부터 소외된 이들의 소외 현상을 여전히 방치하는 결과를 낳았고, 이로 인해 일반 시민들이 시민운동을 자신들의 일로 받아들이지 않게 되면서 사회적 영향력을 상실하는 단계로 나아가고 있다고 진단된다."[42]

그러나 풀뿌리 운동가들만이 풀뿌리 운동을 강조하는 것은 아니다. 중앙 NGO 상근자들 가운데도 풀뿌리 운동, 즉 기층을 강조하는 사람들이 많다. 국제 반자본주의 운동을 분석하면서 크리스 하먼이 지적했듯이, 제도 개혁을 위해 제도권에 압력을 가하는 노력이 막다른 골목에 도달하면 급진적 개혁주의자들은 기층의 창의성을 그저 찬양하는 것으로 후퇴하기 십상이다.[43] 이와 마찬가지로, 상층에서 일이 잘 풀리지 않는 것의 대안을 기층에서 발견하고자 하는 NGO 활동가들을 어렵지 않게 볼 수 있다. "풀뿌리 운동의 바탕이 되는 일상생활에서의 가치 지향을 소홀히 한 채 주로 정책 관철과 이를 위한 제도 내에서의 정책 협의에 치중하면서, 시민사회의 개혁적 기반을 동원하고, 소비하고, 소모할 뿐, 진보적 요구와 지향의 다변화와 확대재생산에는 사실상 실패한 것이다."[44]

풀뿌리 운동론자들은 중앙 시민운동이 "이슈를 중심으로 미디어를 활용하는 방식"으로 일한다면 풀뿌리 운동은 "삶의 문제를 중심"으로 "사람을 주체로 세우고 상향식으로 일을 만들어 나가는 방식"으로 일한다고 대조한다. 또, 중앙 시민운동은 시민단체 상근자들이 주체이고 언론 보도나 법제도의 변화 같은 "성과 중심"의 관점을 갖는 반면, 풀뿌리 운동은 주민이 주체이고 운동에 참여한 사람들의 변화 같은 "과정"을 중요하게 본다고 한다.

주류 시민운동의 대중적 기반이 없다는 점에서 풀뿌리 운동론자들의 비판은 일리가 있다. 특히 풀뿌리 운동은 대중 자신의 참여를 중시하고 아래로부터의 활동을 강조한다는 점에 의의가 있고 매력적이다. ≪우리 시대의 커뮤빌더≫의 지은이인 김기현 씨는 "과거의 모든 사회운동은 민중을 그 중심에 놓았"다며 "낮은 자세로 민중들과 희로애락을 함께 하면서 새로운 사회의 지평을 열어가는 것[이] 모든 사회운동의 본질"인데, "시민운동은 그 문제의식을 놓쳐버렸다"고 평가한다.[45]

그러나 풀뿌리 운동의 "주체"는 국가권력과 체제에 맞서 싸우는 "주체"가 아니라는 데 핵심 문제가 있다. 하승수 풀뿌리자치연구소 이음 운영위원에 따르면, "풀뿌리의 정치 전략"은 "권력이 아니라 사람을 변화시키고, 위로부터의 개혁이 아니라 아래로부터의 근본적인 삶의 변화를 추구하는" 것이다.[46] 요컨대 NGO의 풀뿌리 운동은 위로부터의 '개혁'도, 아래로부터의 '혁명'도 아닌, 아래로부터의 '삶의 변화'(또는 사람의 변화, 생활양식의 변화)를 추구한다. 이 점에서 NGO의 풀뿌리 운동은 아래로부터의 사회주의 운동과 다르다.

국가를 상대로 뭔가를 바꾸려 하기보다 "일상생활의 가치 지향"을 중요하게 여겨, 예를 들어 "아나바다"(아껴 쓰고, 나눠 쓰고, 바꿔 쓰고, 다시 쓰기) 환경공동체 운동 같은 생활양식 바꾸기 운동을 한다. 환경운동연합 상근 활동가 출신이고 현재는 풀뿌리자치연구소 '이음'의 연구위원인 김현 씨는 "이전의 운동은 어떤 면에서 추상적인 거였고 내 문제와 관련된 삶의 문제가 중요하다는 것을 느꼈다"고 말한다.[47] 지역 주민과 소통하기 어려운 반핵이나 기후변화협약 같은 전국적 의제 중심, 중앙 중심 운동이 아니라 육아 같은 삶의 문제를 생활 단위에서 해결해 나가는 것이 중요하다고 한다. 풀뿌리 운동은, 운동 전망을 잃었다고 토로하는 NGO 활동가들에게도 "자기 삶을 변화시키는 게 세상을 변화시키는 첫걸음"이라는 해결책을 제시한다. 하지만 냉혹한 자본주의 세계에서 자본의 논리와 다른 가치를 실현하는 공동체 실험이 성공할 수 있을까?

자율적 공동체와 국가권력 문제

풀뿌리 운동론자들은 국가권력을 감시하거나 국가권력에 요구하거나 국가권력을 장악하려는 운동은 잘못이거나 한물갔으므로 "국가 중심의 틀"에서 벗어나야 한다고 주장한다. 즉, 국가권력을 잡지 않고 세상을 바꿔야 한다는 것으로, 이는 자율주의의 핵심 주장이다.(토니 네그리나 존 홀러웨이의 사상만이 자율주의인 것은 아니다. 그 밖에도 많은 자율주의 사상이 있는데, 공통의 핵심 주장은 권력을 잡지 않고 사회를 바꾼다는 것이다.) "정치권력의 획득을 통해 문제를 해결하려 했던 기존 운동 방식"은 문제이고, "사람들의 문화와 의식, 상호관계의 변화 없이는 사회 진보가 어렵다는 것"(박홍순 열린사회시민연합 소장)이다.

그러나 지난 10년의 경험이 보여 주는 것은, 사람들의 문화와 의식이 바뀌지 않아서 사회 진보가 어려웠던 게 아니라 소위 '개혁 정부'가 풀뿌리 민중이 원하는 개혁을 추진할 의사도 능력도 없었다는 점이다. 지난 수십 년간 서유럽 사회민주당 정부가 걸어온 길도 좌파가 기존의 자본주의 국가권력을 그대로 인수해서 사회 변화에 이용하는 것은 불가능함을 보여 준다. 오히려 그 권력을 잡은 좌파 자신이 변질된다는 것을 알 수 있다.

국가권력의 변화를 통해 사회 문제를 해결하려는 운동 방식이 사회운동의 국가 의존성을 심화시켰다는 평가도 "국가 중심의 틀"을 벗어나야 한다는 풀뿌리 운동론의 논거다. 그러나 국가에 무언가를 요구한다고 해서 반드시 의존성이 커지는 것은 아니다. 주요 NGO들이 채택한 로비와 협상, 협력이라는 방식이 국가 의존성을 키운 것이다. 일각에서는 이런 점을 분명히 규명하지 않은 채 중앙 권력이 문제라며 지방자치단체와 협력하는 것을 대안으로 내세우기도 한다. 그런데 이는 중앙 NGO들이 중앙정부를 상대로 로비·협상·협력함으로써 생겨난 문제들을 지역 차원에서 되풀이하는 결과만을 낳을 수 있다.

운동이 국가에 요구하기를 두려워할 필요는 없다. 국가는 우리의 요구를 성취하기 위한 자원들을 동원하는 데서 여전히 가장 효과적인 메커니즘이다. 다만, 국가로부터 독립적인 대중운동을 통해 국가의 양보를 이끌어내야 한다. "국가가 사회문제 해결의 주체였던 시대는 이미 지나갔다"는 입장에 서면 사유화나 복지비 삭감 같은 문제에 제대로 대응할 수 없다. 예컨대 최혁진 원주 의료생협 이사는 의료를 국가가 책임져야 한다는 생각에 반대한다.

"지금까지 상당 부분의 사회운동들은 결국은 국가권력을 변화시켜야지 문제가 해결될 수 있는 것이라 믿고 그렇게 진행해 온 것이 사실입니다. 특히 의료복지 영역에서 지금도 많은 진보 그룹들은 의료라는 것 자체가, 국가가 책임져야 된다는 생각을 많이 하고 있어요."[48] 그는 "시민사회운동의 활력을 통해 새로운 미래를 설계하는 데 국가가 만들어놓은 제도적 틀이 장애 요인"이므로 국가의 틀 밖에서 다양한 방안들을 모색해야 한다고 한다.

이런 논리라면 "공공성이라는 이름 아래 개인의 책임성을 약화시키고 정부의 역할을 무작정 키우는 정책을 고집해서는 안 된다"는 유시민의 주장을 반박하기 어려울 것이다. 그러나 지역 활동이 동원할 수 있는 경제적 자원은 국가가 동원할 수 있는 자원과 비교도 안 된다. 예컨대 생활협동조합운동 차원에서 시민들이 공동 출자해 만든 의료기관(의료생협)은 의료를 돈벌이 수단으로만 여기고 과잉 진료에 익숙한 여느 의료기관과 달리 환자 중심의 의료를 추구한다는 의의가 있다. 그러나 전국 10여 곳인 의료생협이 국민적 필요는 말할 것도 없고 해당 지역 주민 대다수의 필요를 충족시킬 수도 없다는 것은 명백하다. 일부 주민들은 "보건예방 활동"의 혜택을 받을 수 있겠지만 그들도 중병에 걸리면 대형 병원에 갈 수밖에 없다. 그런데 국가가 의료를 책임지라고 하지 않는다면, 대형 병원과 의사들은 점점 더 대기업이나 다국적기업의 이윤에 종속될 것이고, 치료에 꼭 필요한 고급 의료기기들은 가난한 사람들에게 그림의 떡이 될 것이다.

국가를 회피하는 지역 활동은 체제의 파괴적인 효과를 건드리지 못한 채 고립되고 사실은 침해되기 쉬운 작은 '공간'을 만드는데 그칠 뿐이다.

생활협동조합(생협), 직거래/공정거래, 지역복지를 제공하는 소기업(사회적 기업 또는 커뮤니티 비즈니스) 등도 지배적인 경제 관계의 틀 밖에서 대안적 생산·분배 네트워크를 만들려는 운동이라는 점에서 비슷한 문제가 있다. 풀뿌리 운동에 몸담고 있는 사람들은 대개 "거대 자본으로 무장한 다국적기업들"과 "지나친 물질주의와 무한경쟁"을 거부하는 지역사회를 바닥에서부터 새롭게 건설하고 싶어 한다. 생협은 질주하는 세계화에 맞서 지역·농민·협동이라는 가치를 살리는 대안 운동이라고 하고, 워커스 컬렉티브worker's collective*는 "시민들의 자발적인 힘으로 이루어지는 복지 공동체"를 꿈꾼다.

풀뿌리 운동론자들은 생활양식을 생태적으로 바꾸는 운동, 육아협동조합, 생협, 대안교육운동 등 "자본주의의 틈새에서 솟아나는 다양한 움직임들이 확장되어 자본주의의 한계와 약점을 극

---

* 워커스 컬렉티브란 시민들이 노동력을 공유하는 시스템을 통해 스스로 필요한 것을 상품화하는 것으로, 육아 워커스, 노인복지 워커스 등이 있다. 예컨대 부모가 믿고 맡길 보육시설이 없다는 생각에 생협 회원들이 육아 워커스를 시도하기도 한다.

복하는 길을 만들어나갈 수 있다"고 한다.[49] 각자 삶의 방식을 바꿔 체제를 포위할 수 있다는 발상, 국가를 건드리지 않고도 자율성을 확보할 수 있다는 발상이다. 이런 발상은 자본주의 체제를 그대로 둔 채 지역 수준에서 대안적 공동체를 건설하려 한다는 점에서 자율주의의 "탈주" 개념과 흡사하다.

그런데 이러한 "탈주" 전략은 자본가계급과 국가의 수중에 거대한 생산 자원이 집중돼 있는 불평등한 소유 구조와 생산관계를 그대로 내버려 둔다는 점에서 심각한 문제가 있다. 이 불평등한 체제는 오늘날 모든 불의와 고통을 끊임없이 재생산하는 원천일 뿐 아니라, 대안적 경제 관계를 발전시키려는 풀뿌리 운동의 시도마저 불리한 조건으로 내몰고 체제 내 포섭의 위험에 노출시키기 때문이다.

예를 들어, "유기 농산물 직거래를 중심으로 활동한 생협은 1980년대 중반부터 시작되어 환경문제에 대한 관심이 높아지던 시대적 분위기와 맞물려 빠르게 성장했다." 그러나 유기 농산물의 시장성이 확인되자 대기업들은 자금력을 바탕으로 유기 농산물 시장에 적극 뛰어들었고 대형 마트와 백화점에 유기농 코너가 생겨났다. 이런 변화는 생협의 성장뿐 아니라 운영 원리에도 나쁜 영향을 미쳤다. 생협 사이에 경쟁이 심해졌고, 공동체의 기반이 되는 공동 구매도 빠르게 사라졌다. 오히려 생협들도 운영의 효율성에 집중하고 조합원들도 편의성을 추구하게 됐다. "거의 모든 생협이 어쩔 수 없는 시대 분위기를 탓하며 매장 중심, 개인 공급 중심으로 바뀌게 됐다."[50] 생협에 오랫동안 몸담아 온 사람들은 그 좌절감을 이렇게 표현한다. "[생협은] 살벌한 자본주의 사회에서 서로 돕고 협동하는 공동체의 꿈을 이루는 방파제였다. 하지만 …… 꿈은 점점 사라지고 기구와 운영조직만 남은 사례를 보면 생협이 이루려는 꿈이 쉽지만은 않음을 알 수 있다."[51]

우리가 자본주의 체제와 그 국가를 회피한다고 해서 자본주의 체제와 그 국가가 우리를 그냥 내버려 두는 것은 아니다. 경쟁과 이윤의 논리는 개인들의 삶 구석구석까지 파고들어 우리 삶을 황폐하게 만들고 파괴한다. 사람들 사이의 관계도 여기서 자유롭지 않다. 설사 유기농 직거래 농산물로 아침을 시작했다 해도 우리는 하루 종일 직장에서 자본주의 사회관계에 얽매여 있어야 한다. 우리 아이들이 오후에 "워커스 컬렉티브"가 제공하는 "달팽이 방과후 학교"에 갈 수 있다 해도 하루의 절반 이상은 차별과 경쟁 교육에 시달려야 한다. 만약 자본주의 이윤 논리와 충돌하는 풀뿌리 운동이 벌어진다면 국가는 가차없이 풀뿌리 운동과 공동체를 변질시키거나 파괴하려 들 것이다. 따라서 풀뿌리 운동이 진정으로 자본주의와는 다른 가치를 바탕으로 대안 사회를 건설하고 싶다면, 우리의 삶을 지배하는 자본주의 논리와 그것을 옹호하는 막강한 국가권력에 맞설 잠재력이 있는 세력, 즉 노동계급의 중요성을 인식해야 한다.

사회운동과 노동운동

이런 얘기를 하면 많은 사람들은 노동운동이 변해야 한다고 말한다. 그런 점이 분명히 있다. 그러나 NGO 측에서 권고하듯이, 노동조합이 단체협상에서 기업의 사회적 공헌을 목록에 추가하는 것이나, 노동자가 아니라 "주민으로서의 정체성을 가지"는 것[52] 등의 변화는 그다지 적절해 보이지 않는다. NGO의 기초가 되는 신사회운동론은 신사회운동과 '구'사회운동(노동운동)을 대비하며, 신사회운동이 노동운동을 대체한다고 여기는 경향이 있다. 그래서인지 일부 NGO 활동가들은 노동운동과의 연대를 표방하면서도 노동운동의 쟁점과 방식을 NGO화하는 데 더 관심을 보이는 듯하다.

그러나 조직 노동운동과 사회운동을 이런 식으로 대립시키는 것은 이제 부적절하다. 지난 몇 년 동안 국제 반자본주의 운동 안에서 조직 노동운동과 사회운동은 공동의 적에 맞서 연대할 수 있음을 보여 줬다. 이런 연대를 발전시키려면 노동조합 활동가들이 차별과 환경 파괴, 빈곤, 전쟁 같은 문제에 더 관심을 가져야 함은 물론, NGO 활동가들도 임금이나 일자리 문제를 둘러싸고 작업장에서 벌어지는 투쟁을 '밥그릇'에만 집착하는 경제주의라고 기각해서는 안 된다. "생산의 영역"이 아니라 "재생산 영역", "노동자가 아니라 시민 또는 지역 주민"이라는 데 방점을 두는 변화는 노동계급의 집단적 힘과 그 사용의 중요성을 간과할 수 있다. 노동계급의 중요성은 정의가 요구하는 바를 실현할 그 사회집단의 잠재력에서 나오는 것인데 말이다.

오히려 노동운동이 나아갈 진정한 방향은 노동계급의 집단적 잠재력 ─ 생산을 중단하고 마비시키고 재편할 수 있으며 그리하여 경제생활의 우선순위를 바꿀 잠재력 ─ 을 실제로 사용하는 것이다. 그러려면 노동운동 방식이 철저하게 바뀌어야 한다. "이는 그람시가 말한 '경제적-조합적' 방식 ─ 즉 노동자들이 즉각적인 물질적 조건을 개선하는 데만 초점을 맞추고 노동조합 지도자들이 대체로 현장조합원들의 이해관계를 해치면서까지 강력하게 참여하고 있는 계급 협력을 추구하는 방식 ─ 을 포기하는 것을 의미한다. 더 나아가 노동자들은 자신들이 천대받는 사람들의 더 넓은 세계 공동체 ─ 남반구의 거대한 수의 반半프롤레타리아화된 도시 주민, 농민, 그리고 땅 없는 농업 노동자들을 포함하는 ─ 의 일부라는 생각을 더 적극적으로 발전시킬 필요가 있다."[53]

공상적 사회주의

풀뿌리 운동은 어떤 점에서 공상적 사회주의와 닮았다. 마르크스는 공상적 사회주의자들이 "모든 정치적 행동, 특히 모든 혁명적 행동을 거부하며, 평화적인 길로 자신들의 목적을 달성하고자 하며, 당연히 실패하게 될 자그마한 실험을 통해, 본보기의 힘을 통해 새로운 사회적 복음의 길을 닦고자 애쓴다"고 비판한 바 있다. 실제로 세계 최초의 생협은 《우리 시대의 커뮤빌더》의 지은이 김기현 씨도 지적하듯이, 공상적 사회주의자 로버트 오언의 영향을 받은 사람들이 만들었다.

공상적 사회주의자들은 "현존 사회의 모든 기초들을 공격"했지만 그것을 구현할 힘을 발견하지 못했다는 점에서 공상적이었다. 공상적 사회주의가 처음 등장했을 때는 부르주아지와 프롤레타리아의 계급투쟁이 발전하지 못한 시기였으므로 이 약점은 이해할 만한 것이기도 했다. 그러나 오늘날은 더는 그렇지 않다. 마르크스가 통찰력 있게 지적했듯이, 공상적 사회주의의 의의는 "역사 발전에 반비례"한다. "계급투쟁이 발전하며 형태를 갖추어가는 것과 같은 정도로" 공상적 사회주의는 "실천적 가치와 이론적 정당성을 모두 상실하게 된다." 그러므로 "이 체계의 창시자들이 많은 점에서 혁명적이었다 해도, 그 제자들은 번번이 반동적 종파를 형성한다. 그들은 프롤레타리아 계급의 계속적인 역사적 발전에 직면해서도 스승들의 낡은 견해를 붙들고 놓지 않는다. 그러므로 그들은 일관되게 계급투쟁을 다시 무디게 하고 대립을 중재하려 애쓴다. 그들은 여전히 자신들의 사회적 유토피아의 실험적 실현, 즉 개별 팔랑스테르의 설립, 홈 콜로니의 창설, 작은 이카리아* — 새로운 예루살렘의 축소판 — 의 설립 등을 꿈꾸고 있으며, 이 공중누각들을 세우기 위하여 부르주아의 가슴과 돈주머니의 박애에 호소하지 않을 수 없다."[54]

실제로, 풀뿌리 운동에는 "계급투쟁을 무디게 하고 대립을 중재하며 부르주아의 가슴과 돈주머니의 박애에 호소하"는 측면이 있다. 예를 들어, 풀뿌리 기업이라고도 부르는 사회적 기업은 영리를 추구하면서도 취약 계층을 돕는 보람 있는 일을 통해 자아를 실현하는 길로 청년들에게 홍보된다. 마이크로소프트 중국 지사의 2인자였다가 사회적 기업가가 된 존 우드는 자본주의와 따뜻한 가슴이 만나면 세상은 그럭저럭 살 만한 곳이 된다는 이미지를 만들어 낸다. 우드는 기부를 통해 자선기금을 마련하는데, 대기업의 기부 또는 사회적 공헌CSR은 대기업이 빈곤·환경·인권 같은 문제를 양산하는 당사자가 아니라 빈곤·환경·인권 문제 해결을 위해 봉사하는 세력처럼 보이게 만든다.

세계적인 기업주 신문 〈파이낸셜 타임스〉가 꿰뚫어 봤듯이 기업주들이 CSR을 좋아하는 이유는 아주 계산적이다. "중요한 점은 그들의 상표가 환경과 인권에 관심이 있다는, 긍정적이고 대중적인 가치를 갖도록 하는 기회를 CSR이 제공한다는 것이다. 이것의 좋은 점은, 광고와 홍보를 통해 그들의 상표를 알리는 비용과 비교해 볼 때 아마도 CSR이 훨씬 싸게 먹힐 것이라는 점이

◆ 각각 푸리에와 오언과 카베가 자신의 사회주의 모형 사회에 붙인 이름이다.

다."[55] 기업들은 "CSR이 눈에 보이는 이익을 가져오며 조직의 경쟁 우위를 지속시킨다는 사실이 점차 입증되고 있다"는 점에 주목한다. 기업윤리연구소가 발간한 보고서를 보면, "1997년~2000년 사이에 5년 이상 윤리 경영을 실천한 기업들이 다른 동종 업계 기업들보다 더 경제적 가치와 시장가치를 창출했다."[56]

희망제작소 같은 NGO 싱크탱크는 "사회적 기업가 정신이 공동체 발전을 이룩하는 최고의 엔진"이라며 NGO와 시민들에게 사회적 기업 창업을 적극 권한다. 쉽게 말하자면, 지역에 필요한 사회서비스가 있으면 전처럼 관공서에 청원하러 가지 말고 주민 스스로 그것을 제공하는 영리 기업을 만들라는 것이다. 이들은 마치 풀뿌리 기업들이 재화와 서비스를 공급해 지역의 수요를 충족시키고 자본주의 세계 경제를 대체하는 대안이 될 수 있는 것처럼 가정한다.

박원순 희망제작소 상임이사는 "이번 미국발 금융위기에 따른 세계 경제의 혼란과 불안을 보면서 우리는 자신의 지역의 향토적 자산을 활용한 커뮤니티 비즈니스와 시민들의 창의적 아이디어에 기초한 사회적 기업들, 농촌과 지역의 가난한 농민들과 NGO들이 일구어내는 소기업들이 얼마나 중요한지를 새삼 깨닫게 되었다"고 한다. "우리는 자본과 기술이 국가 간을 넘어 유통함으로써 만들어 낸 세계 경제 질서가 얼마나 허약한지를 깨달았으며 동시에 사회적 기업과 소기업의 융성이 이러한 허약함에 대한 대안이 될 수 있음을 느낄 수 있었다."[57]

그러나 세계 경제의 위기는 "자본과 기술이 국가 간을 넘어 유통"한 데서 비롯한 게 아니다. 그것은 인간의 필요보다 이윤을 우선하는 체제 논리의 결과다. 따라서 세계 경제 질서의 허약함에 대한 해답은 개별 나라나 지역이 나머지 세계와 절연하는 것이 아니라 국제 규모로 존재하는 부를 세계 민중 전체를 위해 사용하는 것이다. 즉, 이윤 논리 자체에 도전하는 것이다.

그런데 사회적 기업은 이윤 논리에 도전하지 않을 뿐 아니라 자본주의 기업의 이윤율 제고를 위해 고안된 것이기도 하다. 희망제작소가 커뮤니티비즈니스 총서 첫 번째로 소개한 호소우치 노부타카는 커뮤니티비즈니스의 의미를 이렇게 설명한다. "1980년대 들어서면서 작은 정부를 주장한 영국의 대처 수상은 공무원 수를 감축시키고 국영기업을 민영화하기 시작했다. 지금까지 행정기관이 잔뜩 떠맡아온 일을 주민들이 새롭게 만드는 커뮤니티비즈니스로 아웃소싱해서 슬림화를 시도했다. 영국의 이런 선진 사례를 바탕으로 한다면, 커뮤니티비즈니스는 일본에서도 효과적이지 않을까?"[58]

최근에 사회적 기업은 청년 실업의 돌파구로도 홍보되지만, "낮은 보수에도 불구하고 고급 인력이 선호하는 '우아한 일자리'"[59]라는 표현에서 눈치챌 수 있듯이 사회적 기업이 만드는 일자리는 "자기실현"을 앞세운 질 낮은 일자리이기 십상이다.

지역 활동과 풀뿌리 운동은 결코 무의미하지 않다. 문제는 어떤 지역 활동, 어떤 풀뿌리 운동인가다. NGO의 풀뿌리 '전략'은 흔히 제도와 정책 개혁을 부정하고, 집중적 운동을 부정하고, 반핵·기후변화 같은 전국적 의제를 부정하고, 정치와 정당을 부정한다. 대신에 "삶의 공간에서 삶의 문제를 다룸으로써 삶의 변화를 추구한다"는 점을 강조하는데, 이것은 더 넓은 사회 구조에서 고립돼 개인의 생활양식을 바꾸는 데 초점을 맞추는 것이다.

일부 논자들은 전국적 의제를 부정하지 않지만, 그렇다고 해서 전국적 의제와 지역을 연결시키지도 않은 채 전국적 의제와 지역의 "삶의 문제"를 병렬한다. 그러나 "삶의 문제"는 전국적·중앙적 의제와 결코 떨어져 있지 않다. 우리는 날마다 신자유주의 정책이 사람들을 빈곤으로 내몰고 식탁을 위협하고 가족 관계 등 인간관계를 파탄 내는 것을 본다. 평범한 사람들이 기후변화 문제가 아니라 유기 농산물에만 관심이 있다고 생각하는 것은 은연중에 그들을 깔보는 것이다. 풀뿌리 운동이 신자유주의나 전쟁 같은 국가적·국제적 의제에 국가적·국제적 운동의 일부로서 저항하지 않는다면 현실에 무기력하게 적응하는 데 안주하기 쉽다. 활동가들은 전국적 의제와 지역을 연결시키고, 소소한 문제들뿐 아니라 중차대한 국가적·국제적 문제에 대해서도 평범한 사람들이 운동의 주체로 나설 수 있도록 도와야 한다.

일각에서는 NGO 운동이 새로운 가치와 비전, 미래에 대한 상

상력을 제시할 수 있어야 한다고 말한다. 맞는 말이다. 문제는 그
것이 자본주의에서도 지속되는 삶(자본주의 속의 "대안적 공동체")
인가, 아니면 자본주의 이후의 삶인가이다. 어떤 점에서 보자면
인류는 끊임없이 미래에 대한 상상력을 키워 왔다. 문제는 그것
을 이루는 방법, 지속 가능한 방법이다.

제6장
맺으며

시민운동의 위기와 대안 찾기

많은 NGO 활동가들이 시민운동이 위기라고 말한다. 2000년 총선시민연대가 큰 성과를 거둔 이후 얼마 지나지 않아 위기론이 부상했으니 위기라는 말이 나온 지 벌써 10년 가까이 된 셈이다. 특히 대변형·대형·메이저·중앙 NGO가 위기라고 한다. 시민단체 활동가들 자신이 꼽는 시민운동의 위기 원인은 여러 가지다. 그동안 시민운동이 제기해 온 의제가 제도권에 흡수됐고, 민주노동당의 등장으로 "대의의 대행"이라는 대변형 단체들의 고유한 구실도 퇴색했으며, 생활의 일부로 뿌리내리지 못하고 언론에 의존하는 운동 방식의 한계가 드러났다는 등의 지적이다.

지난 부르주아 개혁 정부들과의 관계, 특히 노무현 정부와의 관계 문제에 대한 지적도 빼놓을 수 없다. 시민운동은 친시민단체 성향으로 간주된 노무현 '개혁' 정권의 추락에 강력한 타격을 받았다. 이태호 참여연대 협동사무처장이 성찰적 평가를 내놨듯이, "시민운동은 보수화되어 가는 노무현 정부와 구분되는 독자적 사회 비전을 갖춘 독립적 주체임을 입증하는 데 실패"[1]했기 때문에 동반 추락 효과를 면치 못했다.

이태호 처장은 '권력에 유착했다'는 보수적 비난에 대해 그 과장을 논박하는 등 "미시적이고 각론적인 해명"을 해 봤지만 설득력을 발휘하지 못했다고 말한다. "노무현 정권에 시민단체 친화적인 인물이 이전 정권보다 상대적으로 많았던 것이 사실"이고, 시민운동 출신으로 알려진 인물 일부는 "주요 각료와 청와대 비서관, 열린우리당 정책그룹으로서 정권 참여라는 맥락에 깊숙이 개입했던 것 역시 부인할 수 없"기 때문이다.

이런 비난이 단지 우파 쪽에서만 나온 것이 아니라는 점도 분명히 해 둘 필요가 있다. 이 책의 본문에서 필자는 이 문제를 거버넌스라는 차원에서 조명했다. 이태호 처장은 시민운동이 노무현 정부와 설정한 관계가 "최소한의 절차적 민주주의를 갖춘 모든 정부에 대해 적용될 수 있는 협력과 견제의 일반적 방법론"에 의한 것이었다고 설명한다. "협력과 견제의 일반적 방법론" 자체가 문제를 낳는다. 많은 NGO들은 신자유주의 정부와 협력하면서 작고 점진적인 변화들을 통해 사람들의 삶을 개선할 수 있다고 생각한다. 그러나 그들은 정의 쪽으로 정부를 견인하기는커녕 체제의 궤도 속으로 빨려 들어간다.

또, 이태호 처장은 사실은 시민단체들이 "노무현 정부의 보수적 정책으로 인해 정권과 극심한 갈등과 불화를 겪"었다고 말한다. 맞는 말이다. 이라크 파병, 주한미군의 전략적 유연성, 한미 FTA 문제 등에서 많은 시민단체들은 정권의 반대편에 섰다. 그러나 그것은 사안별·정책별 반대를 넘어서지 않았다. 한두 사안이 아니라 정권 자체가 문제였을 때 시민단체들은 운동이 정권에 반대하는 방향으로 나아가는 것을 거부했다. 특정 정책에 반대해 정책 대안은 내놨지만, 실패한 정권을 대체할 전략적 대안을 내놓지는 못했던 것이다.(이것은 절차적 민주주의에 대한 NGO의 태도, 단일 쟁점 운동의 한계 등과도 관계된 문제인데, 이런 문제들은 본문에서 다뤘다.)

이런 점에서 이태호 처장이 "이념과 종합적 비전"의 필요성을 얘기하는 것은 진일보한 면이 있다. 그동안 시민운동이 거대 담론, 한국 사회를 분석하고 전망하는 거시적 논의를 회피하고, 그 중요성 자체를 부정해 온 점을 고려하면 더더욱 그렇다. "개혁 국면 동안 시민운동이 취한 미시적, 제도 개혁적, 실사구시적 접근은 공허한 정파적 논쟁의 회피 등과 같은 많은 장점에도 불구하고 민중운동의 구호 일변도의 운동과 마찬가지로 한계를 드러냈다. 민중운동이 관성적인 거대 담론, 천편일률적인 계급 담론의 한계에 빠졌다면 시민운동은 담론의 부재, 미시적 전문화로 인한 이념과 종합적 비전의 부재라는 한계에 직면하게 된 것이다."[2]

그래서 이태호 처장은 성장개발주의와 선진화 담론에 맞서는 새로운 진보 담론을 제시해야 한다고 주장한다. 그가 보기에, 노무현 정부가 드러낸 한계는 한국 시민사회의 한계이고, 그 한계는 한국의 시민사회가 시장 만능주의, 패권주의, 냉전적 사고 등에서 자유롭지 못하다는 것이다. 노무현의 실패는 결국 시민 의식의 문제로 귀착되고, 시민운동의 과제는 새로운 진보 담론을 시민들에게 '교육'하는 것이 된다.

"이념과 종합적 비전"의 필요성에 대한 자각은 분명 진일보한 면이 있지만, 계몽주의의 틀을 넘어서지는 않는 듯하다. 역사의 변동은 사상 투쟁의 결과이고, 사회의 진보는 대중의 계몽을 통해 가능하다는 가정이 엿보인다. 시민운동 위기의 대안으로 대안적 공동체와 교육 체계, 미디어의 역할 등이 강조되는 것은 이런 시각과 관계 있다. 시민들은 변화의 주체가 되기 전에 변화의 대상이 돼야 한다는 셈이다.

그러나 사람들의 의식 변화는 사회 전반의 세력 관계와 무관하지 않다. 세력 관계가 피지배자들 편에 불리해 그들의 사기가 낮을 때는 아무리 좋은 비전이라도 실현 가능성에 회의를 품게 되고, 대규모 투쟁이 벌어져 사기가 높을 때는 비현실성이라는 속박에서 벗어나 상상력이 나래를 펴고 급진적 비전을 수용한다. 대개 일천한 의식 수준에서 시작하는 듯한 노동자와 피억압자들의 투쟁을 중요하게 봐야 하는 이유다.

역사적으로 사회민주주의 정부들의 개혁이 과연 종합적 비전의 부재로 말미암아 좌초했는지도 진지하게 돌아볼 문제다. 선거를 통해 지지받은 이런 정부들의 개혁 프로그램은 자본의 해외 유출 같은 압박에 봉착해 실패하곤 했다. 이런 사실은 좋은 비전이 있고 다수의 지지를 받지만 자본의 저항에 부딪혔을 때 어떻게 해야 하는가 하는 문제를 제기한다. 진보 담론을 수용하도록 기업인들을 설득할 수 있을까? 바로 여기서 자본의 저항을 제압할 수 있는 행위 주체 문제가 제기된다. 시민운동이 "가두의 정치", "집회 위주"라고 흔히 제쳐 버리는 대중행동과 노동계급 문제를 천착해 봐야 하는 이유다.

개혁주의의 위기

시민운동의 위기는 개혁주의의 위기라는 더 큰 문제 속에서 조명할 필요가 있다. 어떤 사람들은 NGO를 체제의 부속물일 뿐인 것으로 (잘못) 보지만, 개혁주의의 일종으로 봐야 한다. 어떤 면에서 보자면 시민운동의 위기는 1990년대 초반 사회주의 전망을 상실한 채 한국 사회를 민주적이고 평화적인 사회로 바꿔 보려 한 시민운동의 (온건한) 개혁 비전이 2000년대 들어 좌절을 맛본 것이라고 말할 수 있다.

　새 밀레니엄은 NGO의 기대와 달리 전쟁과 신자유주의라는 화두 속에 시작해 계급 갈등을 첨예하게 만들고 사회를 양극화시켰다. 빈부격차를 가리킨 20 대 80이라는 말은 10 대 90을 거쳐 "1퍼센트 부자"라는 말로 정착했다. 이런 양극화 속에서 특정 계급이나 특정 정파에 속하지 않는 중립성을 표방하는 시민운동은 좌우의 압력에 직면하지 않을 수 없었다. 그리고 앞으로 경제 위기 심화와 함께 이런 압력은 더욱 강해질 것이다.

　전쟁과 신자유주의는 자본주의 위기의 표현들로서, 야만의 시대, 줬던 개혁도 빼앗으려는 시대를 고했다. 국가를 평화적이고 민주적으로 개혁할 수 있다는 시민운동의 비전은 세계가 점점 더 불안정해지면서 위기에 직면하지 않을 수 없었다. 시민운동은 "한국, 브라질 등 새로운 민주국가들의 출현이 이러한 [부시의] 패권주의에 도전하는 '평화와 민주주의의 축'으로 작용하리라 기대했"지만[3] 결과는 정반대였다. 노무현 정부는 실리를 내세워 부시의 전쟁을 지원했고, 이 과정은 "노무현 정부 초기에 존재했던 자신의 지지 기반, 혹은 시민들의 자기결정권과 충돌하고, 민주적 절차를 훼손하는 방법으로 이루어졌."

　시민운동 활동가들은 2000년대는 의제도 달라졌고, 제도화 중심의 활동 방식도 위기를 맞았다고 평가한다. 1990년대에 시민운동의 주요 의제였던 정치·사법 개혁과 반부패는 기성 정치권도 공감하는 문제로, 언론의 주목을 받으며 제도 개혁으로 이어졌다. 그러나 2000년대에 떠오른 의제들 — 이라크 파병, 비정규직, 한미FTA 등 — 은 "제도권 내부의 의제가 되지 못한 구조적이고 사회개혁적인 이슈"들이었고, 이 문제들을 다루는 데서 "시민단체들에게 익숙한 활동 방식, 즉, 미시적 수준에서의 '현실적 대안'을 찾는 방식은 별로 효과적이지 않았다."

바로 여기서 NGO의 대중행동 없는 운동의 약점이 확연히 드러난다. "시민단체들, 특히 대변형 단체들은 자신들의 주장이나 제안이 정치권 혹은 정부에 의해 받아들여지지 않았을 때, 이를 압박할 수단을 가지고 있지 않았다. …… 특히 주요 언론이 보수적이고 공격적인 입장으로 선회한 조건에서 시민단체가 가진 유효한 수단이 많지 않다는 것이 확연해졌다."[4] 그런데 시민운동 활동가들의 얘기를 들어 보면, '이거다' 싶은 의제를 제기하는 의제 선점력과 창조적인 행동 방식에 대한 아이디어로 이런 한계를 극복하려는 경향을 발견하게 된다. 그러나 이런 시도는 반짝 눈길을 끌 수는 있지만, 정부를 압박할 힘이 되기는 어려울 것이다. NGO가 정부를 압박할 힘을 가지려면 대중을 동원할 수 있어야 한다. 사회적 갈등이 첨예해지는 경제 위기 시기에, 양보를 강제할 힘 없이 "제도권 내부의 기회 구조"에 기대는 방식은 한계가 더욱 분명해질 것이다.

시민단체 활동가들은 다른 방식으로 의제의 변화를 설명하기도 한다. 1990년대 대변형 시민운동의 경우 의제 설정 기준의 가치 지향이 "우리 사회의 근대적 합리성을 획득하기 위한 투명성, 형평성, 공정성 등"이었다면, "최근 성장하는 시민운동은 본질적으로 다른 패러다임에 기초한 의제 설정을 하고 있다"는 것이다. "생태와 한반도 분단 극복을 포함한 평화, 인권, 성평등이라는 가치 지향이 세계화와 정보화로 인한 사회 변화와 마주하면서 구체적 의제로 우리 사회에 던져지고 있[다.]"[5] 그러나 이것이 신사회운동론의 문제의식(구사회운동을 대체한다는 식의)을 말하는 것이라면 별로 새롭지 않다. 서구에서 그것은 1970년대에 등장했고, 우리 나라에서도 이미 1990년대 중반에 나타났다.

오히려 새롭게 주목할 것은 1999년 시애틀 시위 이후 이런 의제들이 기업 세계화, 즉 자본주의 문제와 떨어져 있지 않다는 인식이 확산됐다는 것이다. 때로는 공동의 적에 맞서 노동운동과의 연대 가능성도 보여 줬다. 환경 문제를 생각해 보면 환경을 지키기 위해서는 자본주의 이윤 논리에 도전하지 않으면 안 된다는 것이 점점 분명해지고 있다.

시민운동은 시장 만능주의에 반대해 인간의 얼굴을 한 자본주의를, 전쟁에 반대해 평화적 국가를 추구한다. 그러나 체제의 위기가 깊어질수록 이런 개혁의 여지는 점점 줄어든다. "이윤보다 인간"이라는 기업 세계화 반대 운동의 국제적 공통 구호를 성취하기 위해서도 자본의 논리 자체와 결별하지 않으면 안 된다. 이것은 사회를 근본적으로 변혁해야 하는 쉽지 않은 도전이지만,

그것을 통해서만 전쟁과 기아와 환경 파괴라는 야만을 종식할
수 있다.

함께 행동하면서 비판적 대안 건설하기

시민운동의 위기를 개혁주의의 위기라는 더 큰 맥락 속에서 조명
해 보면, 시민운동이 위기이면서도 여전히 강력할 수 있다는 것
을 이해할 수 있다. 이것은 우선 개혁주의의 성격에서 비롯하는
데, 개혁주의는 개혁주의 지도자들의 고안물이 아니라 처음 저항
에 나서는 사람들이 자연스럽게 갖게 되는 일반적 경향이다. 사
람들은 대개 처음 저항에 나설 때 체제 전체보다는 체제의 특정
양상에 반대해 싸운다. NGO가 그러듯이 말이다. 노동자 투쟁도
마찬가지다. 개혁주의는 이런 자기 제한적 성격을 반영하는 정치
경향이다. 그러므로 대중의 자신감이 충만해 사회의 근본적 변혁
이 가능하다고 생각하는 시기가 아닌 동안에는 개혁주의가 계속
부활할 것이다.

NGO를 순전히 노무현 정부의 이중대로 본 사람들은 노무현
정부의 몰락과 함께 NGO도 끝났다고 생각하기 쉽지만, 그렇지
않다. 그렇게 생각한다면 개혁주의의 성격과 그 위험성을 제대로
이해하지 못하는 것이다. 노무현 정부의 실패는 오히려 개혁주의
의 다른 버전에 대한 기대를 자극할 수 있고, NGO가 개혁주의의

새로운 버전의 한 주자로 자리 잡을 수 있다. 상당수 NGO들은 이라크 파병, 한미FTA 등에서 노무현 정부와 갈등을 빚었는데, 노무현에게 기대를 걸었다가 실망해 새로운 정치적 대안을 찾는 사람들은 이 차이를 간단히 제쳐 버리지 않을 수 있다.

이 밖에도 시민운동이 위기 속에서도 자기 공간을 확보할 수 있는 다른 요인들을 생각해 볼 수 있다. 우선, 이명박 정부에 대한 반감이다. 정부의 권력을 감시·비판하는 구실만 잘 해도 시민운동은 '정부의 이중대'나 '권력화' 의혹에서 벗어나 급진화하는 청년들과 교감할 가능성을 높일 수 있다. 또, 부정부패 감시, 인권 옹호, 기업 감시, 소비자 보호 등 NGO가 다루는 쟁점들은 정부와 기업에 불만이 많은 청년들의 관심을 끌 만하다. 여기에 NGO가 피억압자들의 문제에 관심을 기울이고 조직한다는 장점을 추가할 수 있다. 이것은 노동운동 좌파가 잘 못하는 일이다.

물론 시민운동이 위기 속에서도 얼마나 영향력을 획득할지는 민주노동당이나 진보신당 같은 개혁주의의 다른 버전들과의 경쟁이나, 좌파가 개혁주의에 얼마나 효과적으로 대처하는가 하는 주관적 요인들도 크게 작용할 것이다.

만약 개혁주의의 위기를 곧 개혁주의의 약화라고 단순하게 생각한다면 개혁주의의 위험을 제쳐 버릴 수 있다. 그러나 개혁주의는 투쟁이 급진전하는 상황에서 브레이크 구실을 할 수 있다. 2008년 촛불 운동은 이런 위험성을 언뜻 보여 줬다. 주요 NGO들은 촛불 운동이 정권 퇴진이라는 권력 문제로 나아가는 것을 원하지 않았다. 우파 정권이지만 선거로 들어선 정부가 거리의 운동으로 붕괴하는 것을 보고 싶지는 않았던 것이다. 개혁주의가 위기이면서도 강력할 수 있다는 것을 이해해야 이런 위험성을 이해하고 대처할 수 있다.

그러나 이런 위험은 일단의 좌파들이 운동 밖에서 NGO를 열심히 비판한다고 해서 피할 수 있는 게 아니다. 왜냐하면 개혁주의는 근본적 사회변혁에 못 미치는 모든 대중투쟁의 자기 제한적 성격에서 비롯하는 것이고, 운동에 첫발을 내딛으며 급진화하는 청년들도 자연스럽게 이런 경향을 띠기 때문이다. 실제로 촛불 운동 참가자 상당수의 정치는 모종의 개혁주의에 가까웠고, 이 운동이 정치적 운동이라기보다는 삶의 문제이자 축제이고 자기 실현이라는 NGO적 가정에 동감했다.

가장 좋은 방법은 좌파들이 특정 쟁점을 둘러싸고 NGO와 함께 운동을 건설하면서 좌파가 더 일관되고 효과적으로 투쟁을 이끌 수 있다는 것을 NGO 지지자들 사이에서 실천으로 입증하는 것이다. 이런 경험 속에서만 사람들은 개혁주의가 아닌 더 급진적인 대안에 마음을 열 것이다. 좌파들은 이런 과정에서 NGO 지지자들을 더 광범한 투쟁에 참가시키도록 애써야 한다.

안타깝게도 많은 좌파단체들은 NGO와 그 지도자들에게 '민주당 이중대'라는 식으로 딱지를 붙여 함께 연대할 수 없는 세력으로 간단히 기각한다. 일부 단체들은 제임스 페트라스의 NGO 분석을 차용하는데, 페트라스는 많은 탁월한 통찰에도 불구하고 NGO를 제국주의의 대리인으로 보는 초좌파적 입장이다. 그는 NGO가 제국주의의 이익을 위해 신자유주의를 시민사회로 전달하는 '풀뿌리 반동'이라고 비난한다. 시민사회 이론이 신자유주의에 뒷문을 열어 두는 문제점이 있긴 해도 NGO를 체제의 부속물일 뿐이라고 보는 것은 잘못이다.

NGO들은 체제에 대한 사람들의 불만을 이러저러한 방식으로 표현해 왔고, 부당한 국가 간섭과 기업 횡포에 반대해 왔기 때문에 급진화하는 사람들의 공감을 얻을 수 있었던 것이다. 내가 머리말에서도 썼듯이, 1980년대와 달리 마르크스주의가 주변화돼 있고, 총체적 분석을 거부하는 미시적 접근법이 팽배해 있으며, 운동이 대개 단일 쟁점 양상으로 벌어지는 토양에 처음 발을 내딛은 사람들이 NGO에 호감을 갖는 것은 거의 자연스런 일이다. 그럼에도 일부 좌파들이 NGO와 연대하길 거부한다면 급진화하는 새 세대를 좌파 지지자로 변화시킬 기회를 잃을 것이다. 급진화하는 청년들을 고스란히 NGO에 내맡길 것이기 때문이다.

좌파는 공동전선 속에서 NGO 활동가들이나 NGO 지지자들과 개방적인 자세로 협력해 단결된 운동을 건설하려 노력하고, 이런 협력 속에서 대안을 둘러싼 건설적인 논의도 병행해야 한다. 과연 NGO의 활동 방식이 효과적인지(단일 쟁점 운동이 양보

를 얻어 내는 효과적인 투쟁인지, 거버넌스가 정부와 기업에 반대하
는 데 장애가 되지는 않는지 등), 대중 자신의 행동이 왜 중요한지,
근본적 변혁은 비현실적 몽상인지 등을 토론하고 경험을 나누면
서, 더 나은 대안을 찾아가는 과정의 일부가 돼야 한다.

후주

머리말

1 〈한겨레〉 HERI Review, 제4호 2009.1/2 2면.

1장 한국 시민운동의 등장

1 시민의 신문·시민운동정보센터, ≪한국민간단체총람 2006≫, 시민의신문, 2006.

2 김호기, ≪한국 시민사회의 성찰≫, 아르케, 2007에서 재인용.

3 박원순, "시민운동은 블루오션이다", ≪여럿이 함께≫, 프레시안북, 2007.

4 김동춘, "민주주의와 시민단체, 시민운동", 고려대 아세아문제연구소, 2000.

5 한홍구, "우리는 도대체 어디로 어떻게 가야하는가", ≪시대와 소통≫, 아웃사이더, 2008, 101~102쪽.

6 "하종강이 만난 사람 — 하승창 편, '뷰티풀 액션'을 위하여", 〈한겨레21〉 407호(2002년 5월 2일).

7 조성미, "시대경험과 시민사회", ≪아래로부터의 시민사회≫, 창비, 2008, 78쪽.

8 같은 글, 82쪽.

9 같은 글, 92쪽.

2장 시민사회 개념의 재등장

1 신진욱, ≪시민≫, 책세상, 2008, 45쪽.

2 조희연, "시민사회론", http://civilpower.org/zb/skin/ggambo6210_board
/print.php?id=d_civilaction&no=118

3 알렉스 캘리니코스, ≪사회이론의 역사≫, 일신사, 2008, 93쪽.

4 자코뱅의 공포정치와 테르미도르 반동에 대해서는 크리스 하먼, ≪민중의
세계사≫, 책갈피, 2004, 362~411쪽을 참고하시오.

5 알렉스 캘리니코스, ≪사회이론의 역사≫, 일신사, 2008, 117~118쪽.

6 마이클 에드워즈, ≪시민사회 - 이론과 역사, 그리고 대안적 재구성≫, 동
아시아, 2005, 41쪽.

7 조희연, "시민사회론", http://civilpower.org/zb/skin/ggambo6210_board
/print.php?id=d_civilaction&no=118

8 같은 글.

9 존 리즈, ≪새로운 제국주의와 저항≫, 책갈피, 2008, 211~241쪽.

10 알렉스 캘리니코스, ≪역사의 복수≫, 백의, 1993, 179~180쪽.

11 알렉스 캘리니코스, ≪칼 맑스의 혁명적 사상≫, 책갈피, 2007, 249쪽.

3장 한국 NGO의 사상과 그 문제들

1 한완상, "한국에서 시민사회, 국가, 그리고 계급", ≪한국의 국가와 시민사
회≫, 한울, 1992, 9~25쪽.

2 김성국, "한국자본주의 발전과 시민사회의 '성격", ≪한국의 국가와 시민사
회≫, 한울, 1992, 149~169쪽.

3 서경석, "민중신학의 위기", ≪기독교사상≫ 1993년 9월호.

4 조희연, ≪비정상성에 대한 저항에서 정상성에 대한 저항으로≫, 아르케,

2004, 117쪽.

5 하승창, ≪하승창의 NGO이야기≫, 역사넷, 2001, 38쪽.

6 김세균, "'시민사회론'의 이데올로기적 함의 비판"(1992), ≪시민사회와 시
   민운동≫, 한울, 1995, 151~184쪽.

7 강문구, "민주적 변혁운동 지반의 심화, 확장을 위하여"(1992), ≪시민사
   회와 시민운동≫, 한울, 1995, 185~196쪽.

8 정태석·김호기·유팔무, "한국의 시민사회와 민주주의의 전망"(1993), ≪시
   민사회와 시민운동≫, 한울, 1995, 275쪽.

9 하승창, ≪하승창의 NGO이야기≫, 역사넷, 75~76쪽.

10 정태석·김호기·유팔무, "한국의 시민사회와 민주주의의 전망"(1993), ≪시
    민사회와 시민운동≫, 한울, 1995, 292쪽.

11 조희연, "민중운동과 시민사회, 시민운동"(1993), ≪시민사회와 시민운동≫,
    한울, 1995, 298~336쪽.

12 유팔무, 김호기 엮음, ≪시민사회와 시민운동≫, 한울, 1995, 5쪽.

13 정태석, ≪시민사회의 다원적 적대들과 민주주의≫, 후마니타스, 2007,
    23~24쪽.

14 알렉스 캘리니코스, ≪칼 맑스의 혁명적 사상≫, 책갈피, 2007, 151쪽.

15 조희연, "민중운동과 시민사회, 시민운동"(1993), ≪시민사회와 시민운동≫,
    한울, 1995, 311쪽.

16 김호기, ≪현대 자본주의와 한국사회 ― 국가·시민사회·민주주의≫, 사
    회비평사, 1995, 155~175쪽.

17 손호철, "한국의 국가주의와 국가-시민사회의 관계 변화", 참여연대 참여
    사회아카데미 엮음, ≪20세기 한국을 돌아보며≫, 한울, 2001, 207쪽.

18 유팔무, "그람시 시민사회론의 이해와 한국적 수용의 문제", 유팔무·김호
    기 엮음, ≪시민사회와 시민운동≫, 한울, 1995, 74쪽.

19 유팔무, ≪한국의 시민사회와 새로운 진보≫, 논형, 2004, 머리말.

20 정태석·김호기·유팔무, "한국의 시민사회와 민주주의의 전망", 유팔

무·김호기 엮음, ≪시민사회와 시민운동≫, 한울, 1995, 267쪽.

21 유팔무, "그람시 시민사회론의 이해와 한국적 수용의 문제", 유팔무·김호
기 엮음, ≪시민사회와 시민운동≫, 한울, 1995, 77쪽.

22 정태석, ≪시민사회의 다원적 적대들과 민주주의≫, 후마니타스, 2007,
36~46쪽.

23 유팔무, ≪한국의 시민사회와 새로운 진보≫, 논형, 2004, 41, 56쪽.

24 김정훈, "시민운동논쟁과 참여연대", 홍성태 엮음, ≪참여와 연대로 연 민
주주의의 새 지평≫, 아르케, 2004, 41쪽.

25 앤서니 기든스, ≪현대사회학≫, 을유문화사, 2009, 109~110쪽.

26 하상복, ≪푸코 & 하버마스 : 광기의 시대, 소통의 이성≫, 김영사, 2009,
201쪽.

27 같은 책, 206쪽.

28 같은 책, 237쪽.

29 김호기, ≪한국 시민사회의 성찰≫, 아르케, 2007, 37쪽.

30 알렉스 캘리니코스, ≪포스트모더니즘 비판≫, 성림, 1994, 189쪽.

31 김호기, ≪한국 시민사회의 성찰≫, 아르케, 2007, 90쪽.

32 정태석, ≪시민사회의 다원적 적대들과 민주주의≫, 후마니타스, 2007,
83-84쪽.

33 박형신, "새로운 사회운동의 이론적 이해 : 기원, 전개, 전망", ≪새로운
사회운동의 이론과 현실≫, 문형, 2000, 67~68쪽.

34 알렉스 캘리니코스, ≪사회이론의 역사≫, 일신사, 2008, 389~390쪽.

4장 한국 NGO의 실천과 그 문제들(1)

1 박원순, ≪한국의 시민운동 ― 프로크루스테스의 침대≫, 당대, 2002, 19쪽.

2 홍일표, "참여연대 운동 방식의 구성과 변화", 홍성태 엮음, ≪참여와 연대
로 연 민주주의의 새 지평 ― 참여연대 창설 10주년 기념 논문집≫, 아르

케, 2004, 123쪽.

3 장미경, ≪한국 여성운동과 젠더정치≫, 전남대학교출판부, 2006, 85쪽.

4 조희연, ≪비정상성에 대한 저항에서 정상성에 대한 지향으로≫, 아르케, 2004, 86쪽.

5 박원순, ≪한국의 시민운동 — 프로크루스테스의 침대≫, 당대, 2002, 21쪽.

6 박상필, ≪NGO 핵심개념시리즈 — NGO≫, 아르케, 2005, 84~85쪽.

7 김호기, ≪한국 시민사회의 성찰≫, 아르케, 2007, 130쪽

8 같은 책, 107~108쪽.

9 이언 버철, ≪서유럽 사회주의의 역사≫, 갈무리, 1995, 311~320쪽 참고.

10 참여연대(2008. 2), "자유기업원 발행, ≪참여연대 보고서≫에 대한 반론 (요약)". 자유기업원은 ≪참여연대 보고서≫에서 역대 정부에 참여연대 임원 150명이 313개 정부 직위에 참여했다고 과장했다.

11 주성수, "시민, 시민사회, 시민사회단체", ≪아래로부터의 시민사회≫, 창비, 2008, 51쪽.

12 윤정숙, "여성운동의 제도화와 자율성에 관한 고민", ≪2004 한국여성단체 연합 정책수련회 자료집≫.

13 조대엽·김철규, ≪한국 시민운동의 구조와 동학≫, 집문당, 2007, 131~132쪽.

14 정태석, ≪시민사회의 다원적 적대들과 민주주의≫, 후마니타스, 2007, 114~115쪽.

15 정규호, "전환기 속의 시민사회, 운동과 변화 사이에서", ≪아래로부터의 시민사회≫, 창비, 2008, 179쪽.

16 참여연대(2008. 2), "자유기업원 발행, ≪참여연대 보고서≫에 대한 반론 (요약)".

17 박원순, "시민운동은 블루오션이다", ≪여럿이 함께≫, 프레시안북, 2007.

18 이태호, "시민운동의 위기와 새로운 혁신의 과제", ≪시민과 세계≫ 13호 (2008년 상반기), 113쪽.

19 〈뉴스메이커〉(위클리경향) 711호(2007. 02. 06).

20 장미경, 《한국 여성운동과 젠더정치》, 전남대학교출판부, 2006, 115쪽.

21 하승창, "2008 촛불 이후의 시민운동", 《2009 보건의료진보포럼》, 이태호, "시민운동의 위기와 새로운 혁신의 과제", 《시민과 세계》 13호(2008년 상반기) 참고.

22 조대엽·김철규, 《한국 시민운동의 구조와 동학》, 집문당, 2007, 58쪽.

23 크리스 하먼, "반자본주의 — 이론과 실천", 《저항의 세계화》, 북막스, 2002, 71~72쪽.

24 장미경, 《한국 여성운동과 젠더정치》, 전남대학교출판부, 2006, 26~29쪽.

25 조대엽·김철규, 《한국 시민운동의 구조와 동학》, 집문당, 2007, 38쪽.

26 권태환·임현진·송호근 공편, 《신사회운동의 사회학》, 서울대학교출판부, 2001, 275쪽.

27 홍일표, "참여연대 운동 방식의 구성과 변화", 홍성태 엮음, 《참여와 연대로 연 민주주의의 새 지평 — 참여연대 창설 10주년 기념 논문집》, 아르케, 2004, 107~130쪽.

28 김호기, 《한국 시민사회의 성찰》, 아르케, 2007, 103쪽과 130쪽.

29 장미경, 《한국 여성운동과 젠더정치》, 전남대학교출판부, 2006, 126쪽.

30 차명제, 《NGO 핵심개념시리즈 — 환경》, 아르케, 2005, 163쪽.

31 조대엽·김철규, 《한국 시민운동의 구조와 동학》, 집문당, 2007, 181~186쪽.

32 김호기, 《한국 시민사회의 성찰》, 아르케, 2007, 151쪽.

33 조성미, "시대경험과 시민사회", 《아래로부터의 시민사회》, 창비, 2008, 98쪽.

34 주성수, "시민, 시민사회, 시민사회단체", 《아래로부터의 시민사회》, 창비, 2008, 39쪽.

5장 한국 NGO의 실천과 그 문제들(2)

1 시민의 신문·시민운동정보센터, ≪한국민간단체총람 2006≫, 시민의신문, 2006.

2 문순영, ≪한국의 민간 비영리 사회복지부문에 대한 이해≫, 한국학술정보, 2005.

3 실업극복국민운동위원회 편, ≪아름다운 열정 : 1992~2002≫, 실업극복국민운동위원회, 2002.

4 송정로, ≪인천시민사회운동 20년사≫, 명운미디어아트팩, 2008, 167~174쪽.

5 장미경, ≪한국 여성운동과 젠더정치≫, 전남대학교출판부, 2006, 127~128쪽.

6 김정원, ≪사회적 기업이란 무엇인가?≫, 아르케, 2009, 32쪽.

7 같은 책, 33쪽.

8 앤서니 기든스, ≪현대사회학≫, 을유문화사, 2009, 307쪽.

9 같은 책, 304~309쪽.

10 알렉스 캘리니코스, ≪'제3의 길'은 없다 — 반자본주의적 비판≫, 인간사랑, 2008, 22~23쪽에서 재인용.

11 같은 책, 21~24쪽 참고.

12 같은 책, 82쪽에서 재인용.

13 유시민, ≪대한민국 개조론≫, 돌베개, 2007, 59쪽.

14 〈서울신문〉과 민주당 김영진 의원의 공동 조사 결과(2009년 2월).

15 김영순, "사회투자국가가 우리의 대안인가?", ≪경제와 사회≫ 2007년 여름호.

16 문진영, "새로운 사회위험의 등장과 복지정책의 방향", 6월항쟁 기념 대토론회 자료집 ≪사회 양극화와 불평등, 민주주의는 지속 가능한가?≫, 민주화운동기념사업회, 2008.

17 유시민, ≪대한민국 개조론≫, 돌베개, 2007, 94쪽.

18 같은 책, 117쪽.

19 같은 책, 116~117쪽.

20 노대명, "한국의 사회적기업과 사회서비스"(2007. 11. 5), 국제심포지움 발표문, 146쪽.

21 송정로, ≪인천시민사회운동 20년사≫, 명운미디어아트팩, 2008, 167~174쪽.

22 김혜원, "한국 사회적기업의 배경과 전망", Asian Social Entrepreneurs Summit 2008 발표문.

23 정선희, ≪한국의 사회적 기업≫, 다우, 2005, 7쪽.

24 같은 책, 9쪽.

25 김정원, ≪사회적 기업이란 무엇인가?≫, 아르케, 167쪽.

26 같은 책, 166쪽.

27 박상필, "NGO에 대한 정부의 재정지원 - 이론적 고찰", 김상희 의원실과 시민사회단체연대회의 공동주최 토론회 "이명박 정부와 거버넌스" 주제 발표문(2008).

28 문병주, "복지NGO의 구조적 특성과 대정부 관계 인식에 대한 경험적 연구"(2004), ≪한국정치학회보≫ 38(5), 58~59쪽.

29 조희연, "경제 위기 속의 한국민주주의와 사회운동의 과제", ≪당대비평≫ 3호, 87쪽.

30 조희연, ≪비정상성에 대한 저항에서 정상성에 대한 저항으로≫, 아르케, 2004, 146쪽.

31 박원순, "시민운동은 블루오션이다", ≪여럿이 함께≫, 프레시안북, 2007.

32 문병주, "복지NGO의 구조적 특성과 대정부 관계 인식에 대한 경험적 연구"(2004), ≪한국정치학회보≫ 38(5), 72쪽.

33 장미경, ≪한국 여성운동과 젠더정치≫, 전남대학교출판부, 2006, 127~129쪽.

34 정규호, "전환기 속의 시민사회, 운동과 변화 사이에서", ≪아래로부터의 시민사회≫, 창비, 2008, 173쪽.

35 같은 글, 190쪽.

36 김정원, ≪사회적 기업이란 무엇인가?≫, 아르케, 108쪽.

37 같은 책, 193쪽.

38 〈한겨레〉 HERI Review, 제4호 2009.1/2 2면.

39 장미경, ≪한국 여성운동과 젠더정치≫, 전남대학교출판부, 2006, 130쪽.

40 〈한겨레〉 HERI Review, 제4호 2009.1/2 2면.

41 김정원, ≪사회적 기업이란 무엇인가?≫, 아르케, 166쪽.

42 하승수, "왜 풀뿌리운동이 희망인가?", ≪도시와 빈곤≫ 82호(2006. 10), 106쪽.

43 크리스 하먼, "자발성, 전략, 정치", ≪마르크스21≫ 2호(2009년 여름), 18쪽.

44 이태호, "시민운동의 위기와 새로운 혁신의 과제", ≪시민과 세계≫ 13호 (2008년 상반기), 123~124쪽.

45 김기현, ≪우리 시대의 커뮤빌더≫, 이매진, 2007, 161쪽.

46 하승수, "'풀뿌리없는 진보'야말로 기만이다", 풀뿌리자치연구소 사이트.

47 조성미, "시대경험과 시민사회", ≪아래로부터의 시민사회≫, 창비, 2008, 89~90쪽.

48 정규호, "전환기 속의 시민사회, 운동과 변화 사이에서", ≪아래로부터의 시민사회≫, 창비, 2008, 178쪽.

49 조성미, "시대경험과 시민사회", ≪아래로부터의 시민사회≫, 창비, 2008, 103~104쪽.

50 김기현, ≪우리 시대의 커뮤빌더≫, 이매진, 2007, 52~54쪽.

51 같은 책, 87쪽.

52 하승수, "지역활동에 관하여 ― 시민운동의 경험을 통해 노동운동에 드리는 제언", ≪노동사회≫ 2006년 5월호.

53 알렉스 캘리니코스, ≪반자본주의 선언≫, 책갈피, 2003, 135쪽. 필자가 번역을 조금 수정했다.

54 칼 마르크스, 프리드리히 엥겔스, ≪공산당 선언≫, 이론과 실천, 2008,
   56~57쪽.
55 알렉스 캘리니코스, ≪반자본주의 선언≫, 책갈피, 2003, 102쪽.
56 프랜시스 후쿠야마, ≪기업조직 구조와 사회 책임 경영≫, 비즈니스맵,
   2009, 180쪽.
57 박원순, Asian Social Entrepreneurs Summit 2008 폐막식 기조연설.
58 호소우치 노부타카, ≪희망제작소 커뮤니티비즈니스 총서 1 ― 우리 모두
   주인공인 커뮤니티비즈니스≫, 이매진, 2008, 22쪽.
59 〈경향신문〉 2009년 2월 19일치.

6장 맺으며

1 이태호, "시민운동의 위기와 새로운 혁신의 과제", ≪시민과 세계≫ 13호
   (2008년 상반기), 115쪽.
2 같은 글, 123쪽.
3 같은 글, 126쪽.
4 같은 글, 117~118쪽.
5 하승창, "참여형 시민들이 90년대식 운동판 바꾼다", 〈오마이뉴스〉(2004.
   7. 18).